こうの早苗の
パッチワークとソーイング
バッグ、キルト、ワンピース…

Patchwork and sewing by Sanae Kono

日本ヴォーグ社

Introduction
はじめに

私がパッチワークをはじめたのは40年前。
長男を出産するため『出産準備品』を
自分で作ろうと思ったことがきっかけです。
うぶ着、おむつ、退院時に着せる服など、はじめての針仕事に日々奮闘して、
最後に大事なお布団を作りました。
そのお布団が、ピースワークをして作ったパッチワークらしきものでした。
デザインを考えて材料を集め、家事の合間の時間で子供たちの服を作ったり
パッチワークをすることが楽しくて、楽しくて…。
時間が足りなくなると夕食のメニューを一品減らすほど夢中になりました。
お洋服作りを始めたのも同じ頃。
初めは子供服ばかり作っていましたが、いつしか自分の服を作るようになりました。
お洋服はパッチワークに比べて短期間で完成するので、
自分の体型や外の気温、着心地に合わせてササッと作ります。
どんな素材やパターンを使って作るかというアイデアが浮かんでしまったら、
もう作らずにはいられません。
現在はレッスンや講習会を通して、同じ趣味を持っている女性たちと出会い、
一緒に悩み、はげまし合いながら、
作品を完成させて達成感を味わうことが私の楽しみです。
この本では、作ることを楽しむことはもちろん、
暮らしの中で着たり使ったりして楽しむことができる作品をご紹介します。
手作りした服や小ものをコーディネートして
楽しむヒントもたくさん詰まっています。
この本をご覧いただいた皆様に、暮らしがもっと楽しくなるような、
手作りする喜びを感じてもらえることを願っています。

こうの早苗

Contents

№ 1 *L*ong cardigan
ロングカーディガン —— 6

№ 2 *M*ini tote Bag
ミニトートバッグ —— 7

№ 3 *L*ong cardigan
ロングカーディガン〈布違い〉 —— 8

№ 4 *P*ouch
ポーチ —— 9

ウェリッシュキルトに魅せられて —— 10

№ 5,6 *C*ushion Covers
クッションカバー —— 12

№ 7 *H*exagon's bed cover
ヘクサゴンのベッドカバー —— 13

№ 8 *F*rill jacket
フリルジャケット —— 14

№ 9 *O*cean wave bed cover
オーシャンウェーブのベッドカバー —— 15

エンブロイダリーキルト —— 16

№ 10 *E*mbroidery quilt
エンブロイダリーキルト —— 17

№ 11 *D*runkard's path tapestry
ドランカーズパスのタペストリー —— 18

№ 12 *C*razy quilt blanket
クレイジーキルトのブランケット —— 19

№ 13 *T*iered Dress
ティアードワンピース —— 20

№ 14 *W*allet Pochette
ウォレットポシェット —— 21

№ 15 *T*iered Dress
ティアードワンピース〈布違い〉 —— 22

№ 16 *S*mall pouch
小もの入れ —— 23

№ 17 *P*uff sleeve dress
パフスリーブワンピース —— 24

№ 18 *S*houlder bag
ショルダーバッグ —— 25

№ 19 *P*uff sleeve dress
パフスリーブワンピース〈布違い〉 —— 26

Lesson
パフスリーブワンピースの
作り方レッスン —— 27

Lesson
手作り服を素敵に着こなす
コーディネートレッスン —— 32

パターンを楽しむ —— 34

№20 *Sampler collage quilt*
サンプラーのコラージュキルト —— 35

№21,22 *Small frames*
ミニ額 —— 36

№23 *Basket bag*
バスケットのバッグ —— 37

№24 *Sewing case*
ソーイングケース —— 38

バスケットのパターンを
製図してみましょう！ —— 39

キルトの構成とアップリケ —— 40

№25 *Applique tapestry*
アップリケのタペストリー —— 41

№26 *Broderie Perse tapestry*
ブロードリーパースのタペストリー —— 42

№27 *Broderie Perse tapestry*
ブロードリーパースのタペストリー —— 43

№28 *Postcards' tapestry*
ポストカードのタペストリー —— 44

№29,30 *Pouches*
お薬手帳入れ・御朱印帳入れ —— 45

№31 *Small frame*
ミニ額

Lesson
ブロードリーパースで作る
ミニ額レッスン —— 46

作品の作り方 —— 49

HOT LINE ホットライン

この本に関する質問はお電話またはWEBで
書名／こうの早苗の　パッチワークとソーイング
本のコード／NV70501
担当／石上・中塚
Tel.03-3383-0635（平日 13：00～17：00受付）
Webサイト「日本ヴォーグ社の本」
http://book.nihonvogue.co.jp/
※サイト内（お問い合わせ）からお入りください。（終日受付）
（注）webでのお問い合わせはパソコン専用となります。

★本書に掲載の作品を、複製して販売（店頭、ネットオークション等）することは禁止されています。手作りを楽しむためにのみご利用ください。

№ 1
L ong cardigan

ロングカーディガン

コーディネートしやすい無地のロングカーディガン。
シンプルな装いでも一枚はおるだけでおしゃれに。
ファスナーやボタンつけはなく、
気になる体型もカバーできます。
How to make ／ page_52

№ 2

Mini tote bag

ミニトートバッグ

ちょっとしたお出掛けに活躍する、
シンプルで使いやすい形のミニトートバッグ。
赤系の布をはぎ合わせて作れば、
No.1のロングカーディガンと合わせてコーディネートできます。
How to make ／ page_54

№ 3
*L*ong cardigan

ロングカーディガン〈布違い〉

No.1と同じ形で、素材を薄手の麻に変えれば
春夏のロングカーディガンに。
無地でシンプルなお洋服を目にすることが多いですが、
手作り服なら大好きな柄布を思い切り使っても素敵。
How to make ／ page_52

№ 4

ポーチ

洋服の型紙を作る手法をポーチに応用し、
前側にギャザーを寄せました。
以前から教室のカリキュラムに使用している人気の形です。
ふたはレースとパールビーズで飾りました。
How to make ／ page_56

Welsh quilts of Wales in the United Kingdom

ウェリッシュキルトに魅せられて

イギリスのウェールズでは、
「ウェリッシュキルト」と呼ばれる独自のキルトが作られてきました。
アメリカンパッチワークとは異なるスタイルのキルトに、
私は長年魅せられていて、今までにウェールズへ何度か訪れています。
ウェリッシュキルトやその魅力についてご紹介します。

イギリス（正式名称：グレート・ブリテン及び北アイルランド連合王国）は、イングランド、スコットランド、北アイルランド、ウェールズの4国で構成されます。ウェールズは、ロンドンから西へ高速道路で2時間ほど走ったところにあります。首都はカーディフ。

左／丘陵地帯に囲まれた街、ランパターのメインストリート。
右／豊かな自然も多く残っています。

■ウェリッシュキルトの出会い

イギリスのインテリアショップ「ローラ・アシュレイ」が80年代後半に銀座に出店しました。福岡にも店がオープンするとの情報に「早く見たい！」とワクワク。初めてそこを訪れた時、目に飛び込んできた光景に衝撃が走りました。なんとお店の前のコーナーフロアーに、ローラ・アシュレイの持ち物だというアンティークのキルトが数点展示されていたのです。美しい花柄と、甘すぎず芸術的すぎない絶妙な布使いとデザインにすっかり魅了され、その場から離れられませんでした。またこのキルトに出会えるだろうと考えていましたが、各地で開催されるアンティークキルト展でも見ることはできませんでした。雑誌「キルトジャパン2009年1月号」のウェールズの特集ページで、25年間探し求めていたスタイルのキルトを発見し、すぐにウェールズへ飛んで行き、キルトをコレクションされているジェン・ジョーンズさんにお会いしました。その際ローラ・アシュレイさんもウェールズ出身であることや、当時チャールズ皇太子もキルトの購入にお見えになったお話を伺い、ますます興味が湧き、さらにウェールズの大自然にもすっかり魅了されてしまいました。

撮影／斎藤久美

■ウェリッシュキルトとはどんなキルト？

ウェリッシュキルトにはいくつかのスタイルがありますが、最大の特徴はうずまき模様や自然をイメージした大胆なキルティングライン。ウールが多いけれど、花柄でシンプルにピースワークされたものが好きです。

左／無地と柄布でのリバーシブルのキルトもあります。ウェールズの大自然をイメージできるキルティングがほどこされているところが魅力的。
右／メダリオンスタイルで構成されているもの、そしてやさしい花柄やペイズリー柄にも心惹かれます。

ウェリッシュキルトに出会う旅

2018年5月に生徒の皆さんとウェールズを訪れ、
スランバイダーという村に暮らす一人の女性、
ジェン・ジョーンズさんに会いに行きました。
ジェンさんはウェールズのキルトを愛するキルト収集家で、
大切なキルトを守り、伝えていきたいという情熱にあふれています。
自宅の庭の納屋でアンティークキルトショップを、
そしてウェールズの街・ランパターでキルト美術館を開いています。
旅の記録とともに、ジェンさんのキルトショップと、キルト美術館をご紹介します。

ジェンさんのご自宅とショップの庭にて。後ろに写っているのはペットのアヒル。

■ジェン・ジョーンズさんのご自宅とショップへ

ジェンさんは、自宅にある納屋を改装してアンティークキルトショップを開いています。キルトのコレクションは約300枚。18〜19世紀に作られた古いキルトですが、ジェンさんにより洗濯され、一枚一枚手入れが行き届いています。そのほか、アンティーク雑貨やブランケットも置かれています。

■キルト美術館を訪ねて

ジェンさんのキルト美術館「ジェン・ジョーンズ・ウェリッシュ・キルト・センター」は、ショップから車で30分くらいのランパターという街にあります。100年以上前に建てられた古い市役所を改装し、ウェリッシュキルトが歴史的価値のあるものとして展示され、学び、保存することができる場所を確立するために2009年に開館しました。

左／バスケットのパターンの看板がショップの目印。
右／貴重なキルトの数々と、展示も工夫された店内では興奮が止まりません！

左／ジェン・ジョーンズ・ウェリッシュ・キルト・センターの外観。
右／併設のショップに飾られたミニキルト。ウールを使ったキルトはウェリッシュキルトの大きな特徴です。

information
ジェン・ジョーンズさんのウェブサイト
JEN JONES WELSH QUILTS&BLANKETS
アドレス：www.jen-jones.com

美術館ではジェンさんがコレクションするキルトを、テーマごとに掛け替えて展示されます。この美術館は惜しくも2018年に閉館することになり、訪れた時には今まで展示されたすべてのコレクションが展示されていました。
撮影／斎藤久美

次ページから、ウェリッシュキルトの特徴を取り入れた、ウェリッシュスタイルのキルトをご紹介します。

№5,6
*C*ushion Covers

クッションカバー

葉やうずまきなどウェリッシュ特有の
キルティングラインを、コンパクトに
まとめてクッションカバーに。
大らかな模様を凝縮することで、新鮮な
ウェリッシュスタイルのキルトになりました。
How to make ／ page_55

№ 7
Hexagon's bed cover
ヘクサゴンのベッドカバー

ヘクサゴンのピースワークを頑張れば、
あとは周囲に大きなボーダーを
つけていくだけで立派な大作に。
メダリオンスタイルで作り上げる
ウェリッシュキルトなら
大きなベッドカバーにも挑戦できそうです。
How to make ／ page_58
制作／福田久美子

№ 8
*F*rill jacket

フリルジャケット

袖と裾にフリルが入ったジャケット。
複雑そうですが、ファスナーつけもなく
シンプルな作りです。
首回りに大柄が来ないようにすると、
柄布でもすっきりとした印象で作れます。
How to make ╱ page_60

№ 9
Ocean wave bed cover
オーシャンウェーブのベッドカバー

オーシャンウェーブのパターンの周りを爽やかな青いボーダーで囲み、ウェリッシュ風のキルティングラインを入れました。周囲の三角形の始末はパターンのピースと連動して、全体に統一感が出ています。
How to make ／ page_59

Embroidery quilt

エンブロイダリーキルト

小学生の頃、フランス刺しゅう、日本刺しゅう、スウェーデン刺しゅうなどの刺しゅうに興味をもち、高学年になると夏休みの自由課題でスウェーデン刺しゅうのクッションを作りました。たくさんの色の糸を使い、刺し方次第で変化することが楽しかったのです。

刺しゅう糸は色が豊富で安価で手に入りやすく、刺し方次第で無限のデザインを楽しめます。今ではパッチワークキルトの中に刺しゅうを取り入れ、作品がさらに素敵に変化することを楽しんでいます。

刺しゅうの図案を考える時には、アンティーク資料や洋書を参考にします。海外のアンティークショップで見つけた70～100年前のタブロイド紙にはかわいい図案がいっぱい。アンティークのレース模様や、洋書に描かれたイラストも参考になります。

また、家の中を見てみると、カップ＆ソーサーには刺しゅうに適したシンプルな図案があったり、タオルのボーダーにはアップリケに良いようなデザインがあったりします。皆様も、身の回りに刺しゅうの図案になりそうなものを見つけたら、作品に取り入れてみて下さい。

№ 10
Embroidery quilt

エンブロイダリーキルト

風車のパターンをななめの格子状にセッティングし、
アンティーク資料を参考にした
レッドワーク刺しゅうを入れました。
刺しゅうの部分には好みの図案を入れてお楽しみ下さい。

How to make ／ page_63（製図のみ）
制作／古澤正美

№ 11
Drunkard's path tapestry

ドランカーズパスのタペストリー

中央部分もボーダーもドランカーズパスの
パターンで構成したタペストリー。
ピースワークのはぎ目に刺しゅうを入れると、
ピースの線が柔らかくなって優しい印象になります。
How to make ／ page_62
制作／海藤千恵子

№ 12
Crazy quilt blanket

クレイジーキルトのブランケット

クレイジーのパターンと花柄の一枚布を市松にセッティングし、
さまざまな種類のステッチを組み合わせて飾りました。
レースのように見えるところも刺しゅうで表現しています。

How to make ／ page_64
制作／仲田寿子

後スカートにギャザーを
よせた段が入っています。

№ 13
Tiered Dress

ティアードワンピース

スカートの部分にギャザーを寄せて切り替えを入れた
ティアードワンピースを、ウィリアムモリスの花柄で作りました。
ふくらはぎのあたりに裾がくる、丈が長めのワンピースです。
How to make ／ page_66

№ 14
Wallet Pochette

ウォレットポシェット

ポケットがいっぱいの実用的なポシェット。
お財布や携帯、鍵など貴重品をまとめて入れて身につけられます。
No.13のワンピースとコーディネートして出かけましょう。
How to make ／ page_70

№ 15
*T*iered Dress
ティアードワンピース〈布違い〉

No.13のティアードワンピースを白地に
黒のボーダー柄で作ると、
甘さ控えめでシャープな印象に。
前身頃の見えないところに
ホックをつけているので
脱ぎ着もしやすくなっています。
How to make ／ page_66

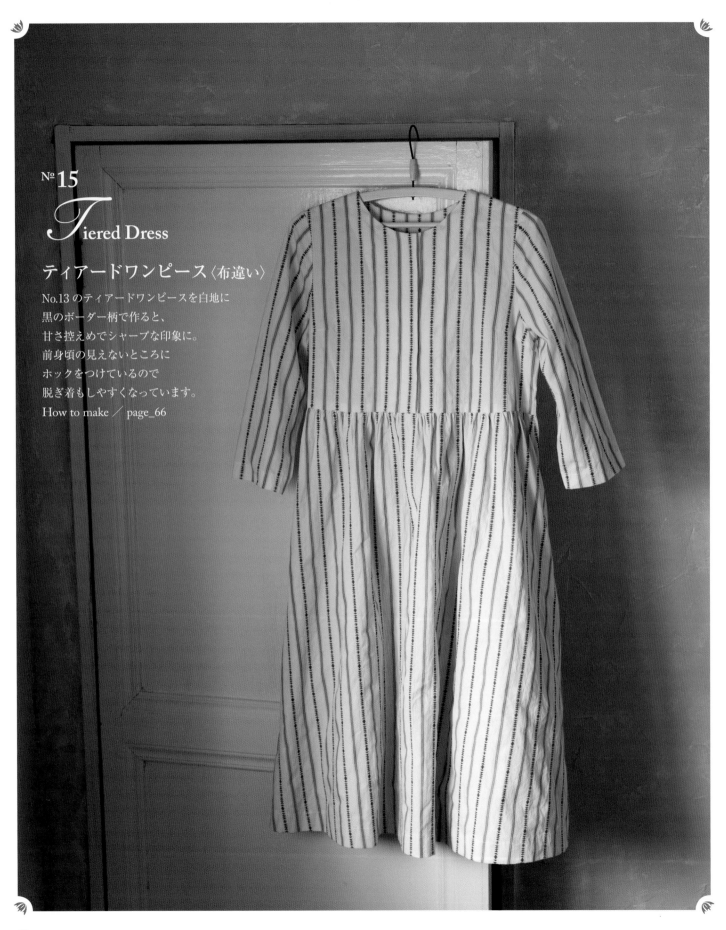

№ 16
Small pouch

小もの入れ

メガネやはさみなどを入れて首から下げておけば、
さっと取り出せて便利。
ビーズをたっぷりつけるとアクセサリー感覚で
身につけられて、コーディネートのポイントになります。
How to make / page_69

№ 17
Puff sleeve dress
パフスリーブワンピース

袖にボリュームをもたせたパフスリーブワンピース。
両サイドに脇パーツが入っているのでゆったりして
着心地がよく、体型もカバーできます。
織のある中厚の黒無地で作れば
よそ行きの場面でも着られる便利な一枚に。
How to make ／ page_27

№18
Shoulder bag

ショルダーバッグ

No.17と合わせて持ちたいトートバッグ。
落ち着いた色の中で、黄色が刺し色になっています。
一枚のキルトから立体的に組み立てていく、
ひと工夫ある仕立てがポイント。
How to make ／ page_72

№ 19
Puff sleeve dress

パフスリーブワンピース〈布違い〉

No.17のパフスリーブワンピースを、大きな花柄の布で作りました。
後ろの裾はベンツ開きが入っているので歩きやすくなっています。

How to make ／ page_27

Lesson パフスリーブワンピースの作り方レッスン

No.17・19のワンピースの作り方を写真つきでご紹介します。

【でき上がり寸法】（サイズはS／Mの順）
バスト…119／123
着丈…99.5／100.5
実物大型紙は巻末A面
【材料】S・Mサイズ共通
表布（綿・綿麻プリント）…110cm幅×310cm
接着芯…60×50cm

表布におすすめの素材
中厚で織のある素材で作ると、体型をカバーできるのでおすすめです。No.17（p.24）では中厚のジャガード織、No.19（p.26）ではざっくりと織った綿麻のプリペラの生地を使用しています。

Let's try!
下準備をする

〈型紙を作る〉

1. 型紙の上にハトロン紙など型紙用の紙を載せて線を写し、裁ち方図を参照して周囲に縫い代をつけます。パーツ名や合印、布目も書きます。縫い代の線でカットし、縫い代込みの型紙を作ります。

【裁ち方図】

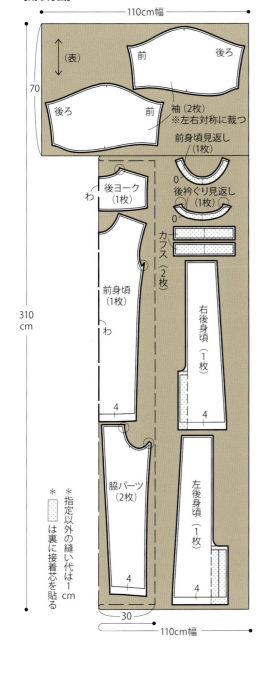

2. 脇パーツの上（袖下につながるところ）など角の部分は、片側のみ型紙をでき上がり線で折ってカットします。※p.51参照

3. 開きます。裁ち方図の○で囲った部分も同様にカットしましょう。

4. 裁ち方図を参照して布に型紙を当てて、すべてのパーツをカットします。次にパーツごとに下準備をします。

〈前身頃と脇パーツ〉

5. 前身頃の肩と、前身頃と脇パーツの両脇にジグザグミシン（またはロックミシン）をかけます。

〈見返し〉

6. 前身頃見返しと後衿ぐり見返しは接着芯を同寸でカットします。布の裏側に接着芯を重ね、中温で押し当てるようにして、少しずつずらしながらアイロンをかけます。

7. 前身頃見返しと後衿ぐり見返しを中表に合わせて、肩の部分を縫い代1cmで縫います。縫い代をアイロンで割り、外回りにジグザグミシン（またはロックミシン）をかけます。

〈袖〉

8. 袖は左右が分かりづらいパーツなので、前にくる方にF（front）、後ろにくる方にB（back）と書いたマスキングテープを貼っておきます。カフスの裏には同寸の接着芯を貼ります。袖・カフス共に中央の合印をつけ、袖の両脇にジグザグミシン（またはロックミシン）をかけます。

〈後身頃〉

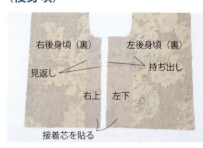

9. 後身頃は左右で形が違うので注意してカットします。ベンツ開きの部分は、左（持ち出し）と右（見返し）で接着芯を貼るところが違うので、右上・左下と書いておき、間違えないように貼ります。

10. 後ヨークは肩に、左・右後身頃はそれぞれ両脇にジグザグミシン（またはロックミシン）をかけます。

後身頃を縫う

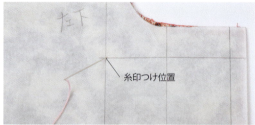

11. 後身頃に型紙を置き、しつけ糸を通した針を糸印つけ位置に刺します。しつけ糸が布の表と裏に0.5cmずつ出るように糸を引いてカットします。左・右後身頃それぞれ2カ所ずつ、計4カ所に糸印をつけます。

12. 左右の後身頃を中表に合わせ、上から糸印まで縫い代1cmで後中心を縫います。縫い始めと縫い終わりはすべて返し縫いをします。

Point

縫う時のポイント　針が落ちる所から1cm右側に、濃い色のマスキングテープを10cm程度貼ります。縫い代の端をマスキングテープの端に合わせるようにするとまっすぐきれいに縫えます。縫い代つきの型紙で布を裁っているので、マスキングテープが縫う時のガイドになります。

13. 後中心が縫えました。縫った部分の縫い代をアイロンで割ります。

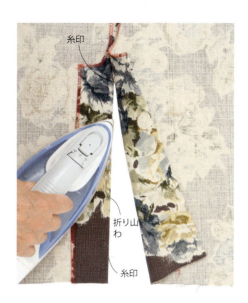

14. ベンツ開きの部分を、左右それぞれ糸印が折り山になるように直線で折り、アイロンで押さえます。

15. 左右のベンツ開きの部分を折りました。持ち出しの左に1cm見返しが見えています。13で縫った部分とベンツ開きの境目の縫い代は自然に浮かせておきます。

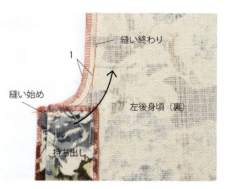

16. ベンツ開きの上のカーブを縫います。持ち出しの端から縫い始め、上に向かって縫い代1cmで縫い、縫い終わりは13の縫い線に重ねます。

前身頃と脇パーツを縫う

17. 前身頃の両脇に脇パーツを縫い、縫い代をアイロンで割ります。

前身頃・脇パーツと後身頃を縫う

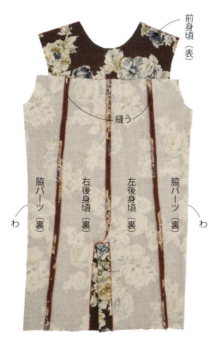

18. 前身頃につけた脇パーツと後身頃を中表に合わせて縫い、縫い代をアイロンで割ります。

後ヨークを縫う

19. 後ヨークを後身頃の上に中表に合わせて縫います。縫い代に2枚まとめてジグザグミシン（またはロックミシン）をかけ、縫い代を後ヨーク側に倒します。

肩を縫う

20. 前身頃と後ヨークを中表に合わせて肩を縫い、縫い代をアイロンで割ります。

袖を作る

21. 袖を中表に折り、袖下を縫ってアイロンで縫い代を割ります。カフスも同様に中表に折って筒状に縫い、縫い代を割っておきます。

22. 袖口にギャザーを寄せるため、ミシンの針目の長さを4に設定し、粗ミシンをかけます。袖下の縫い代を除けて縫い代0.7cmで縫い、次に縫い代0.3cmで縫います。糸端は10cm程度残します。

23. カフスの片方の端を1cm折ります。

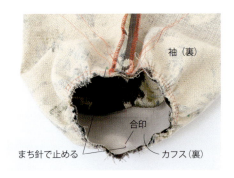

24. 袖とカフスを中表に合わせます。まず袖下の縫い目同士を合わせてまち針で止め、次に合印同士を合わせてまち針で止めます。22でかけた粗ミシンの上糸を引き、カフスに合わせて均等にギャザーを寄せます。

25. まち針を細かく止めて、縫い代1cmで縫います。ギャザーが上に見えるようにして置き、目打ちでギャザーを押さえながら縫い進めます。

26. 一周縫えました。

見返しをつける

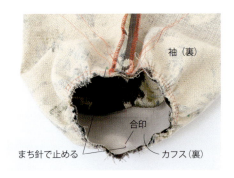

27. カフスを折って26の縫い目に合わせてまち針で止め、手でまつります。まつる時は繊維2本分くらいをすくうようにすると表から目立ちません。片側の袖も同様に作ります。

28. 身頃の衿ぐりに、7の見返しを中表に合わせます。身頃の肩と、見返しの肩の線を合わせて一周縫います。

29. 縫い目から0.3cmのところまで、1cm間隔で切り込みを入れます。

30. 見返しを表に返して、身頃から0.1cm控えてアイロンで押さえます。

31. 見返しの端を身頃にまつります。

袖をつける

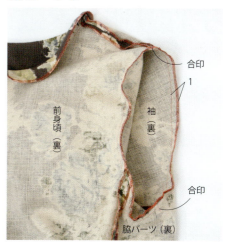

32. 袖山の合印を身頃の肩線、袖下と脇パーツの合印を合わせてまち針で止め、一周縫います。縫い代は2枚まとめてジグザグミシン（またはロックミシン）で始末します。

裾の始末をする

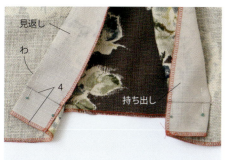

33. ベンツ開きの下部分を中表に折り、まち針で止めて縫い線を引きます。

34. 33の線の上を縫い、縫い代を写真のようにカットします。

35. 表に返して裾の縫い代を折り、ベンツ開きの周囲を一周まつります。

36. 裾を一周まつります。

でき上がり！

スタイリスト・石田純子さんの
手作り服を素敵に着こなすコーディネートレッスン

Fashion coordinate lesson by Junko Ishida

手作りしたお洋服だからこそ、素敵に着こなしたいですね。
いつも大人の格好いい着こなしを教えてくれる人気スタイリスト・石田純子さんに、
ワンピースの着こなし方法について伺いました。私の教室に通う2人の生徒さんにモデルをお願いしました。

Lesson 1
№17(p.24)と№19(p.26)の
パフスリーブワンピースの着こなし方

Pattern 1
黒無地は地味でつまらなくなりがちなので、大ぶりの花のネックレスやファーつきの靴でカジュアル感を。靴は何にでも合う無難なものより、ぱっと目を引く個性的なものがおすすめ。

Pattern 2
柄のある布は、ベースカラーと同系色で合わせると品よくまとまります。ベースのモカ茶に合わせてパンツや小ものをそろえた上品なコーディネート。袖が長いと感じたらヘアゴムで袖をまくり上げると重くなりすぎません。

Arrange
〈応用〉
布に使われている色の中で、面積の少ない色に合わせてほかのアイテムをそろえると若々しい印象になります。花柄のブルーに合わせてジャケットや帽子、バッグを合わせました。

モデル／横溝智子
(身長160cm Mサイズを着用)

p.32 Pattern 1 ネックレス／あむう バングル／ファンエンパイヤ バッグ／カヴァリエーレ(エス・アイ・エム) 靴／オセアニカ(プライア) Pattern 2 パンツ／Blondoll(Blondoll 新丸の内ビル店) ネックレス／Aleksia NAO(imac) ブレスレット/imac バッグ／カシュカシュ(アンビリオン) 靴／タラントン by ダイアナ(ダイアナ 銀座本店) アレンジ ジャケット／アカネ(あむう) 帽子／アトレナ ブローチ/DUE deux バッグ／カシュカシュ(アンビリオン) 靴／ダイアナ(ダイアナ 銀座本店) p.33 Pattern 1 ネックレス/imac バッグ／カシュカシュ(アンビリオン) 靴／ダイアナ(ダイアナ 銀座本店) Patten 2 ネックレス/DUE deux ブローチ／あむう バッグ／カシュカシュ(アンビリオン) 靴／ダイアナ(ダイアナ 銀座本店) アレンジ 帽子／アトレナ ストール／あむう バングル/imac バッグ／カヴァリエーレ(エス・アイ・エム) 靴／ダイアナ(ダイアナ 銀座本店)

Lesson 2

No.**13** (p.20) と No.**15** (p.22) の
ティアードワンピースの着こなし方

スカートは後側のみに段が入っているので、前から見るとすっきり、後から見るとふんわり広がっています。

Arrange
〈応用〉
布のストライプの色に合わせて、黒い色のアイテムをそろえました。グレーのハットに黒のショートブーツ、レザージャケットでシャープなイメージに。

Pattern 2
白と黒でまとめたコーディネート。靴下とスニーカーは重くなりすぎないようにどちらかを白にするのがおすすめ。アクセントカラーに黄色のバッグを合わせました。

モデル／羽鳥加奈子
（身長157cm　Mサイズを着用）

Pattern 1
ワンピースの形と花柄がかわいらしい感じなので、ベースカラーに合わせたカーキのバッグとブーツでしめて、甘さをおさえた大人っぽいコーディネートにしました。

Profile
石田純子／スタイリスト。婦人誌のファッションページなどのスタイリングを手掛け、女優も数多く担当。大人のおしゃれ指南に定評があり、こうのさんデザインの服のコーディネートアドバイスも行っている。著書に『「思い込み」を捨てれば、断然おしゃれに　〜おしゃれが上達する大人服』（主婦の友社）ほか多数。石田さんのショップは88ページ参照。

石田さんからのアドバイス
ワンピースはコーディネートが難しいと思われるかもしれませんが、小もののカでコーディネートを楽しめます。ベーシックで無難なものよりは、ちょっとくせのあるアイテムを取り入れることで、個性のあるコーディネートになります。

こうのさんからのメッセージ
どちらのワンピースも動きやすさを意識してデザインしました。無地の服はよく見かけますが、柄布を思い切り使えるのは手作りだからこそ。年を重ねても着こなし次第でおしゃれを楽しめますから、皆様も手作りした服でコーディネートを楽しんで下さい。

Enjoy making pattens
パターンを楽しむ

パッチワークのパターンは三角形や四角形を基本として構成されており、製図をしている時にそのおもしろさを味わいます。製図に使う道具はえんぴつ、紙、定規、コンパス、時々折り紙など。紙の上であれこれ線を描いていると、偶然おもしろいパターンができることも。折り紙を三角や四角に折ってパターンの分割を考えることもあります。

そしてでき上がったパターンをどんな布で作るか？　ここが1番の悩みどころです。同じ布でも三角形に切った時と四角形に切った時では色の見え方が違うので、幾度も切っては悩み、切っては悩み…のくり返し。そのように苦労して、1枚のパターンができ上がります。大きなパターンを何枚も作ってサンプラーキルトを作るのもいいですが、あえて小さなピースにチャレンジするのも楽しいですよ。一辺8cm程度の小さなパターンをいくつか作り、土台布の上にコラージュ風にアップリケ。完成したパターンを上下左右に動かしながら、時には遠くから眺めてタペストリーやフレームの中にレイアウトしてみて下さい。きっと今までとは少し違った新鮮なキルトを作ることができるでしょう。

№ 20
Sampler collage quilt

サンプラーのコラージュキルト

異なる小さなパターンを8枚作り、
土台布にアップリケしたサンプラーキルト。
ヨーヨーキルトやアップリケも加え、
各パターンの周囲をステッチで飾りました。
How to make ／ page_74
制作／真利子尚美

№21,22
Small frames

ミニ額

パターンの周囲の余白を分割し、
クレイジーキルトの中にパターンが
入っているようにデザインしたミニ額。
お気に入りの一枚を作るだけなのに、
存在感のある仕上がりに。
How to make ／ page_76

№ 23
Basket bag
バスケットのバッグ

作ったけれど使わないパターンが
残ることがありますが、何かにいかしたいですね。
残ったバスケットのパターンにはぎれを組み合わせ、
まちなしのぺたんこバッグを作りました。
How to make ／ page_77

№ 24
*S*ewing case

ソーイングケース

バスケットのパターンをつないで作る立体的なポーチ。
持ち手がついて、まちも広めで使いやすく、
ソーイングポーチとしてはもちろん、
化粧ポーチとしても活躍します。
How to make ／ page_78

バスケットのパターンを製図してみましょう！

製図の方法を知っていると、好きな大きさでパターンを作れるので便利です。
クレイジーのパターンの分割方法もご紹介します。

【バスケットの製図】

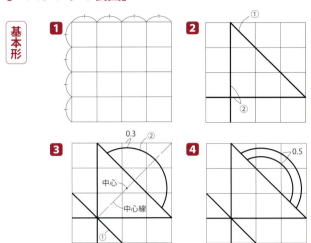

1. 方眼紙に正方形を描き、縦横に4等分の補助線を引きます。
2. 図のように線をななめに結び（①）、その線の両端から、正方形の線と平行になるように2本の線（②）を引きます。
3. 2の（②）の交点を通るななめの線を引き（①）、次に中心線を引きます。コンパスの針を中心線上に置き、正方形の0.3cm程内側を通るように、持ち手の外側の線を描きます。（②）※コンパスの針の位置は、バランスを見ながら中心線上で探して下さい。
4. コンパスの針は動かさないようにして、3で引いた持ち手の線から0.5cm内側にもう一本線を引きます。

アレンジ1　持ち手を直線にした、一辺8cmのバスケット

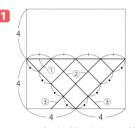 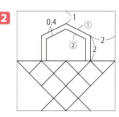

1. 一辺8cmの正方形を描いたら、二等分する線を横に引き（①）、下辺の中心と結んで三角形を作ります。三角形の各辺を4等分してななめに結び（②）、下に三角形ができるよう2本の線を伸ばします（③）。
2. 図の通りに持ち手を描きます。この場合の持ち手の太さの目安は0.4cmですがバランスをみて調整して下さい。先に外側を描き、次に内側を描きます。

アレンジ2　4枚合わせてスタンプバスケットのパターンになる、一辺5cmのバスケット

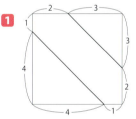 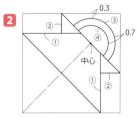

1. 4辺をそれぞれ2：3と1：4に分け、ななめに結びます。
2. 1の線の両端から、正方形と平行に、①②の順に線を引きます。次に図のように中心の位置にコンパスの針をあて、外側・内側の順に持ち手の線を引きます。

【クレイジーのパターンの分割方法】

1. 土台布の表に直接製図します。まず正方形を描き、好みで分割して1と番号をふります。
2. 再び分割して、できた空間に2と書きます。同様に分割し、番号をふっていきます。
3. きれいに分割するコツは、各ピースの面積が同じにならないようにすることです。
4. さらに分割したい場合は、図のように線を追加し、元のピースと同じ数字を'（ダッシュ）で書き込みます。

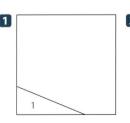 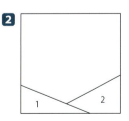
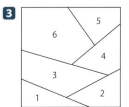 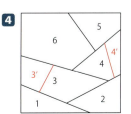

〈パターンを入れる場合〉

正方形を描いたら、パターンの1辺のサイズと同間隔の平行線を2本描き（①）、①と垂直の2本の線を描いてパターンが入る正方形を作ります（②）。パターンは真ん中をさけて配置するとバランスよくなります。残りの空間は左と同様に分割します。

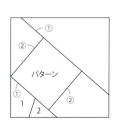

〈縫い方〉

周囲に1cm程度の縫い代をつけて各ピースを裁ち、数字の大きいピースから順に縫います。まず6のピースを土台布にまち針で止め、5を中表に合わせて土台布も合わせて縫い、開きます。'（ダッシュ）をつけたピースは、あらかじめつないでおきましょう。

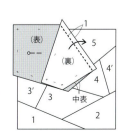

About the quilt designs and Appliquw

キルトの構成とアップリケ

キルトをデザインする時に大切なのは全体の構成です。本の作品と同じものを作るのもいいですが、自分の好きな図案やパターンを組み合わせてデザインを考えてみては？ 右のNo.25アップリケのタペストリーは、キルトの構成を考える上でとても参考になる作品です。中央部分をほかのパターンや好みのアップリケに変えてもいいし、花と葉のアップリケをほかのデザインに変えてもOK。ポイントは、デザインの中に直線と曲線を混ぜること。アップリケを入れることで柔らかい印象になります。

長年に渡ってキルト作りを楽しんでいると、たくさんの布がたまります。はぎれを大切に使い切るのにいいのがアップリケ。画家が絵の具の色をたくさん使って複雑な草や花の色を表現するように、私もたくさんのはぎれを使って作ります。素敵な柄布を見つけたら、柄を切り取ってアップリケする「ブロードリーパース」もおすすめです。

次のページからは、アップリケが主役のキルトをご紹介します。

№ 25
Applique tapestry
アップリケのタペストリー

素朴な花のアップリケが目を引くタペストリー。中央のパターンの周囲にアップリケやピースワークで作ったブロックをつないで作ります。各ブロックをほかのデザインと入れ替えてアレンジしても楽しめます。
How to make ／ page_80
制作／矢野真美

№ 26
Broderie Perse tapestry
ブロードリーパースのタペストリー

布から柄の部分を切り抜いて別の布にアップリケする「ブロードリーパース」の手法で作ったタペストリー。バスケットやプランターはピースワークで作ったり、アップリケしたり。10cm角のパターンなので小さな柄もいかせます。

How to make ／ page_82
制作／早川三幸

№ 27
Broderie Perse tapestry
ブロードリーパースのタペストリー

たくさんの違う種類の布から花の部分を切り取って集め、
バスケットのパターンにアップリケしました。
優しいトーンの配色でまとめたので
飾った時にお部屋にそっとなじみます。
How to make ／ page_83
制作／荒井佳奈子

№ 28
Postcards' tapestry

ポストカードのタペストリー

長方形の布に無地系の布をリバースアップリケして額縁を作り、
その上に花柄や英字プリントを組み合わせました。
素敵なポストカードのコレクションのようなキルトです。
How to make ／ page_84
制作／篠原京子

№29,30
𝒫ouches

お薬手帳入れ 御朱印帳入れ

四角つなぎの上に花柄をアップリケしたお薬手帳入れ。
ポケットがたくさんついていて、診察券も整理できます。
御朱印帳入れはモノトーンの花を組み合せ、
華やかながらも落ち着いた印象に。
How to make ／ No.29…page_86 No.30…page_85

Lesson ブロードリーパースで作るミニ額レッスン

気に入ったプリント柄を切り取って、別の布にアップリケをする「ブロードリーパース」。
いくつか縫い方がありますが、ここでは裁ち切りでカットして、オープンボタンホールステッチで縫う方法をご紹介します。

№31
Small frame
ミニ額

グリーン系の淡い布をピースワークした土台に、
大きな花柄が映えます。
ブロードリーパースした花の上に、
ふんわりと縫い止めたリボンがアクセント。

ブロードリーパースに適した布

柄の大きさは大きくても小さくてもOK。ぼんやりとした柄ではなく、はっきりした柄を選びましょう。

ブロードリーパースに適した素敵な布を見つけたら、切り取ってためておくと後から作品に使えるので便利です。

バリエーションとアイデア

同じ技法でも、組み合わせるモチーフによりさまざまなデザインを楽しめます。

左上／花柄だけでなく、音符や天使など異なるモチーフを組み合わせてみました。
右上／セピアカラーのハウスの上にのせたピンクのバラが目を引き、また奥行きも感じられます。
左下／レースを縫い止めたプランターに花々をアレンジメント。アルファベットのパネル柄もアクセントに。
右下／花柄をアップリケした土台は、元はワイン柄の布でした。ラベルの部分に花を重ねたことでまったく違う印象に。

【配置図】

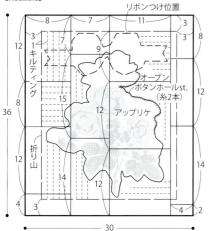

額の選び方
キルト綿と布の厚み分くらいの、溝が深めのものを選ぶと額に入れやすく、また額を傷めることもありません。

【材料】
①表布（使用する花柄のサイズは約 25 × 20cm）
②土台布（グリーン系 5 種）
③裏布 50 × 40cm
④キルト綿 50 × 40cm
⑤ 25 番刺しゅう糸（白）適宜
⑥幅 2.5cm リボン 70cm
⑦額（外径 36 × 30cm、内径 30 × 24cm を使用）

あると便利なもの
パーツのカットには 12 〜 13cm 程度の、小回りのきく小さめのはさみが適しています。切り取る柄の周囲に線を引く時は、柔らかい曲線をきれいに描ける 2B の鉛筆がおすすめです。

Let's try!
花柄をカットする

1. 柄の 0.3cm 外側を囲むように鉛筆で線を引きます。細かすぎると刺しゅうをしづらいので、図案に沿って大らかに描くようにします。直線は固い印象になるので、曲線でやわらかく描きましょう。

2. 柄の周囲を粗裁ちしてから、1 の線の 0.3cm 外側をカットします。

3. カットできました。

キルトトップを作る

4. 土台布をピースワークします。
5. 4 の上に 3 を置き、さらにリボンと額を重ね、全体のバランスを確認し、アップリケする位置を決めます。
6. 位置が決まったら、鉛筆で描いた線の内側 1cm 程度のところにしつけをかけます。

アップリケをする

7. 刺しゅう糸 2 本どりで刺します。まずパーツの際の土台布から糸を出し、パーツに引いた線の上に針を刺したら、再びパーツの際に糸を出します。

8. 糸を引き、輪が小さくなったら輪の下から針先をくぐらせます。

9. 糸を引きます。一針目ができました。

10. 同様に、縫い目の長さは 0.3cm、幅は 0.2cm 間隔で刺していきます。

Lesson　ブロードリーパースで作るミニ額レッスン

〈角の刺し方〉

11. 角の一針手前まで来たら、写真のようにくぼみの部分に向かってななめに針を出します。

12. 次に線上のくぼみの部分に針を刺し、11と同じ場所に針を出します。自分の体と縫うラインが平行になるように持ち替えながら縫うと縫いやすくなります。

13. くぼみの部分ができました。このように3点がくぼみに集まるようになります。

14. とがった部分もくぼみと同様に、3本のステッチで押さえます。

キルティングをする

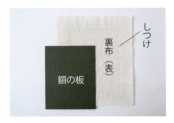  

15. アップリケが終わったら、キルト綿と裏布を3層に重ねてしつけをかけます。裏布に額の板を当てて、周囲に印をつけるために見やすい糸で一周しつけをかけます。キルティングは周囲のしつけの中にのみ入れるようにします。

16. アップリケの際の落としキルトと、土台布の平行線をキルティングします。キルティングができました。※キルティングの仕方はp.50参照。

17. キルトを額に無理に押し込むと額が傷むので、15のしつけの際で裏布とキルト綿をカットします。

リボンを縫い止める

18. リボン結びをして、中心をまち針で2カ所止めます。

19. 左右対称になるようにリボンの先を折りたたみ、まち針で止めます。

20. リボンの輪の部分を上下に広げてまち針で止めます。

21. リボンの先を二つ折りにしてカットし、リボンをつぶさないようにしながら、ところどころたてまつりで縫い止めます。

額に入れる

22. 額の板の前側に2本、後側の周囲4辺に布用の両面テープを貼ります。前側のテープは、キルトが額から浮いてくるのを防ぎ、また後側のテープはキルトの周囲を折りたたむために使います。

23. 額の板の前側にキルトを貼り、裏返して表布の周囲を後側に貼ります。まず左右を貼り、次に上下を順番に貼ります。

24. 額に入れて金具で止めます。

でき上がり！

Point

丈夫にしたい時や、ふっくらさせたい時にはたてまつりでアップリケした上からオープンボタンホールステッチを合わせます。作品によって使い分けましょう。

How to make
作品の作り方

❀ 作り方図の中の数字はcm単位で表しています。

❀ 作り方図の中で、裁ち切りの指定のないものはでき上がり寸法です。布を裁つ時は周囲に縫い代を適宜加えて下さい。特に指定のない場合、ピースワークでは0.7cm位の縫い代が必要で、細かいピースの場合は縫った後に縫い代を0.5cmに切りそろえます。アップリケは0.3〜0.5cmの縫い代が必要です。

❀ キルティングをして仕上げる作品は、表布よりひとまわり大きなキルト綿と裏布(または当て布)を用意し、キルティングした後に余分をカットして下さい。

❀ でき上がり寸法は製図上の寸法です。キルティングをすると実際には多少縫い縮み、小さくなる場合があります。キルティングした後にサイズを測り直してサイズを調整して下さい。

❀ 洋服の裁ち方図は目安です。サイズや幅の違いにより配置が変わる場合があります。

❀ 柄を生かして裁つ場合は用尺が変わることもあるので少し多めに用意しておくと安心です。

❀ 材料に「端切れ適宜」と書いてあるものは、お手持ちの布などを好みで組み合わせてお使い下さい。

サイズ選びについて

この本では、右の表のヌード寸法を元に実物大型紙を制作しています。各作品のでき上がり寸法も合わせて確認し、作るサイズを決めて下さい。

サイズ	S	M
バスト	80	84
ウエスト	66	70
ヒップ	86	90
身長	155〜	160

パッチワークの基礎テクニック

Technique 1　ピースワーク

ピース同士を縫い合わせる基本の縫い方はぐし縫いです。ピースの端から端まで縫う「縫い切り」と、印から印まで縫う「縫い止まり」の2つの縫い方があります。

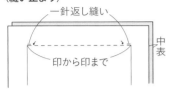

糸端に結び玉を作って角の印に針を入れ、ひと針返し縫いで縫い始め、縫い終わりも角の印で同様にします。

糸端に結び玉を作り、布の端から0.2cm程度の所に針を入れ、ひと針返し縫をして縫い始め、縫い終わりも端から0.2cm手前で同様にします。

Technique 2　アップリケ

縫い代を折り込みながらまつる「たてまつり」と、裁ち切りで裁ったパーツの端をステッチで止める「オープンボタンホールステッチ」の方法があります。※オープンボタンホールステッチのし方はp47（7〜10）を参照して下さい。

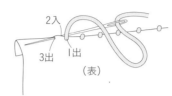

縫い代の折り山の頂点に針を出し、真下の土台布をすくい、0.2cm程度横の折り山に針を出して糸を引く、この作業をくり返します。

Technique 3　キルティング

表布、キルト綿、裏布（又は当て布）を3層にして縫います。縫い始めと縫い終わりは以下のようにします。

〈縫い始め〉

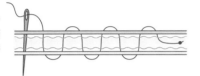

縫い始める位置より2cmくらい離れたところから針を入れ、結び玉をキルト綿の中に引き込みます。

〈縫い終わり〉

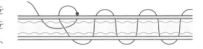

玉止めをしてひと針分先に針を出して、少し離れたところに糸を出し、引っ張り気味に糸を切り、糸端をキルトの中におさめます。

パッチワークの基礎用語

◆**合印**…2枚以上の布や型紙を合わせる時、ずれないようにつけておく印。

◆**アップリケ**…土台となる布の上に、切り抜いた布を置いてまつりつける手法。

◆**裏布**…キルトの裏側に使われる布。

◆**落としキルト**…アップリケやピースの縫い目の際に入れるキルティングのこと。縫い代の倒れていない側の0.1〜0.2cm外側をキルティングします。パターンやモチーフを浮き上がらせる効果があります。

◆**表布**…ピースワークやアップリケなどの手法で1枚にしたキルト作品の表になる布のこと。

◆**返し縫い**…一針進めて一目戻る縫い方。縫い目を丈夫にしたい時に使います。

◆**キルティング**…表布、キルト綿、裏布の三層を重ねてしつけをかけ、固定したものを一緒に刺し縫いすること。キルトを丈夫にする機能性と、美しい陰影をつける装飾性の二つの要素を持ちます。

◆**キルト**…表布と裏布の間にキルト綿をはさんで三層にしたものをキルティングやタフティングを施して縫い合わせること。またはそのように作ったもののこと。

◆**キルト綿**…表布と裏布の間に入れる芯のこと。化繊綿、木綿、ウールなどがあります。

◆**しつけ**…本縫いをする前にゆがみやズレが生じないように、仮に粗く縫い合わせておくこと。

◆**裁ち切り**…縫い代をつけずに表示された寸法通りに布を裁つこと。

◆**土台布**…アップリケや刺しゅうなどをする場合に、土台となる布のこと。

◆**トラプント**…キルティングをした部分に裏側から詰め綿や毛糸などを通して石膏彫刻のような美しいレリーフ効果を出したキルトのこと。

◆**中表**…2枚の布を縫い合わせる時、表同士が内側になるように合わせること。

◆**縫い代**…布を縫い合わせる時に必要な布幅のことで、表に出ないで縫い込まれる部分。

◆**布目**…布の縦糸、横糸の織り目のことで、地の目ともいいます。縦地はほとんど伸びなく、横地は適度に伸び、バイアス地（斜め）はよく伸びます。

◆**パイピング（バインディング）**…キルトや小ものなどの縁飾りや端の始末の技法の一つ。周囲をバイアス布や横地の布でくんで始末するほか、丸コードや毛糸などを芯として入れる方法もあります。

◆**パターン**…キルトトップを構成する図案のこと。トラディショナルパターンだけでも5,000種類以上あるといわれています。

◆**パッチワーク**…パッチは「つぎきれ」や「つぎはぎ」の意味。小さな布を縫い合わせること。

◆**ピース**…一片、一枚、一切れの意味で、三角形や四角形などにカットした布の最小の単位。

◆**ピースワーク**…ピースをはぎ合わせる作業のことで、ピーシングとも言う。

◆**ペーパーライナー**…英国で始まり広まった手法で、布の中に型紙台紙を入れ、巻きかがりでつないでいくピースワークの方法。

◆**ボーダー**…ブロックなどでつないだ外まわりに、額縁のように縫いつけた別布のこと。

◆**巻きかがり**…布端をらせん状に巻くようにかがること。

◆**ラティス**…パターンとパターン、ブロックとブロックの間に格子のように入れてつなぐ布のことで、パターンを引き立てる役目があります。

ソーイングの基礎テクニック

Technique 1　型紙の作り方

型紙には、（裁ち切り）の表記があるパーツ以外は縫い代が含まれていないので、指定の縫い代をつけて布を裁って下さい。
縫い代込みの型紙を作ると、布にでき上がり線を書く必要がないのでおすすめです。

〈写し方〉
1. 実物大型紙の上にハトロン紙など型紙用の紙を重ねて必要なパーツを写します。周りには縫い代分の余白を残します。
2. 裁ち方図を参照し、方眼定規を使って周囲に指定の縫い代をつけます。
3. 曲線部分は、定規を少しずつずらしながら点で細かく印をつけたあと、点をつないでなめらかな線にします。

縫い代つけで注意すること
袖口や裾など傾斜のある角の部分は、型紙を延長して縫い代をつけると欠けたり余ったりするので右のように縫い代をつけます。

〈袖口の場合〉

1. 袖口の縫い代線を長めに書いておく。

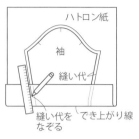

2. ハトロン紙を袖口のでき上がり線で折り、袖下のラインを写す。

3. 表から2で写したラインと袖口の縫い代を結ぶ。（又はp 27のようにハトロン紙を折ってカットしてもよい。）

Technique 2　作り方と型紙の記号の意味

布目線
布のみみと平行の縦地を示す印。

端の始末
ジグザグミシン又はロックミシンで始末する場所。

でき上がり線
作品の最終的な仕上がりを示す線。

わ
布を二つ折りにした折り山の線。布の折り山をこの線に合わせます。

合印
別々のパーツを縫い合わせる時にずれないようにするための印。

Technique 3　水通し・地直し

洋服を作る時は、洗濯による縮みを避け、また布目を整えるために水通し・地直しをします。

1. びょうぶたたみにした布を、たっぷりの水に1時間以上浸して水を吸わせます。

2. 軽く脱水し、生乾き程度で日陰に干したら、裏からアイロンを掛けて布目を整えます。

Technique 4　基本の縫い方

〈返し縫い〉

ミシンの縫い始めと縫い終わりはほつれないように返し縫いをします。縫い始める前に、余り布で試し縫いをして縫い目を確認しましょう。

〈まつり縫い〉

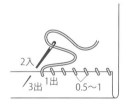

裾や袖口の始末、見返しを身頃に縫い止める時にまつり縫いをします。繊維2本分くらいをすくうようにすると表にひびきません。

1・3 ロングカーディガン

6・8ページ／実物大型紙　巻末B面

【材料】（S・Mサイズ共通）
表布（花柄・麻）…107cm幅×350または（赤無地・コットン）…135cm幅×260cm、接着芯25×15cm

【でき上がり寸法】（S／Mの順）
バスト　102／106cm、着丈（後中心）112.5／113.5cm

【作り方】
下準備　ポケット口に接着芯を貼る。前身頃の肩、内・外袖の前袖下、ポケットの縫い代を始末する。
❶前・後身頃のダーツを縫う。
❷ポケットを作り、前身頃につける。
❸後身頃の裾をバイアス布で始末する。
❹肩を縫う。
❺前身頃の裾〜前端〜衿ぐりをバイアス布で始末する。
❻脇を縫う。
❼袖を作る。
❽身頃に袖をつける。

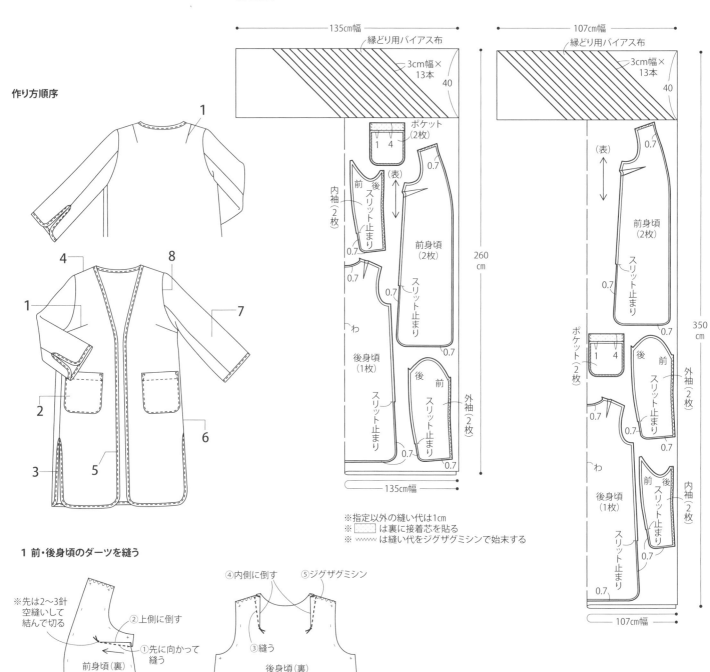

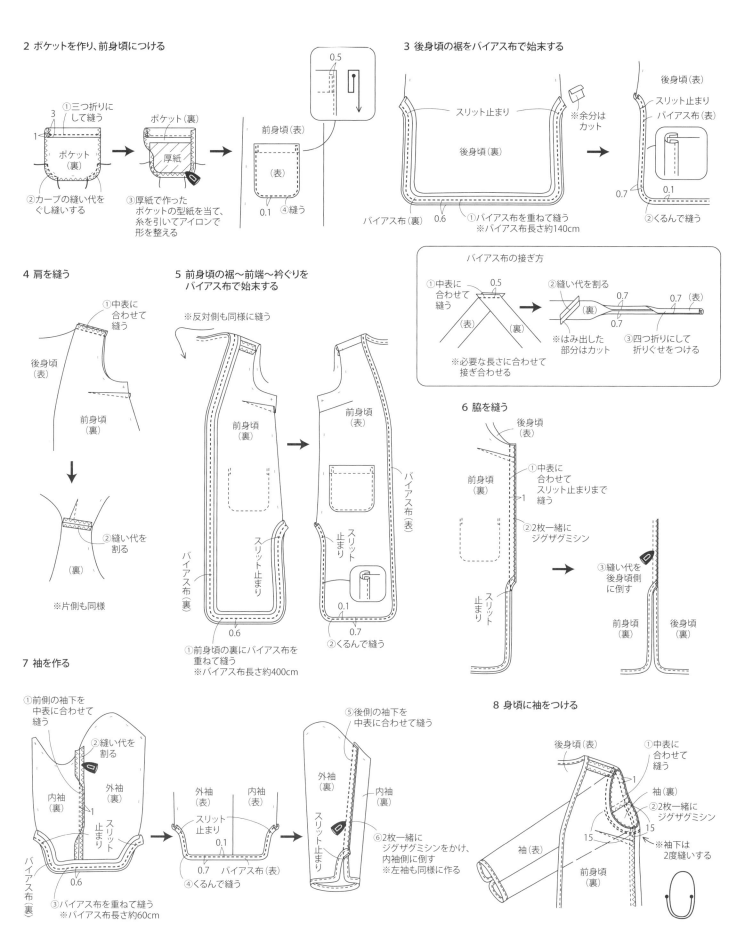

2 ミニトートバッグ

7ページ

【材料】
パッチワーク用布…パネル柄プリント（タブ・くるみボタン・パイピング用布を含む）108×50cm・プリント端切れ5種各適宜、ボーダー用布…プリント（薄茶）55×40cm、底…薄茶無地25×25cm、中袋用布…70×55cm、当て布・キルト綿各75×50cm、接着芯70×45cm、直径1.4cmマグネットホック1組、直径3cmくるみボタン1個、幅3cm持ち手1組

【でき上がり寸法】
図を参照

【作り方】
❶各パーツの布を裁つ。
❷a、bをパッチワークし、ブロックを2枚作る。
❸ボーダーと底を縫い合わせて本体表布を作る。
❹❸にキルティングラインを描き、キルト綿と当て布を重ねてキルティングをする。
❺でき上がり線を描き、縫い代を切りそろえて裏に接着芯を貼る。
❻本体を中表に合わせて脇、まちを縫う。
❼タブを作る。
❽袋口をパイピングし、タブと持ち手をつける。
❾中袋を本体と同様に縫い、袋口の縫い代を折って、パイピングの際にまつる。

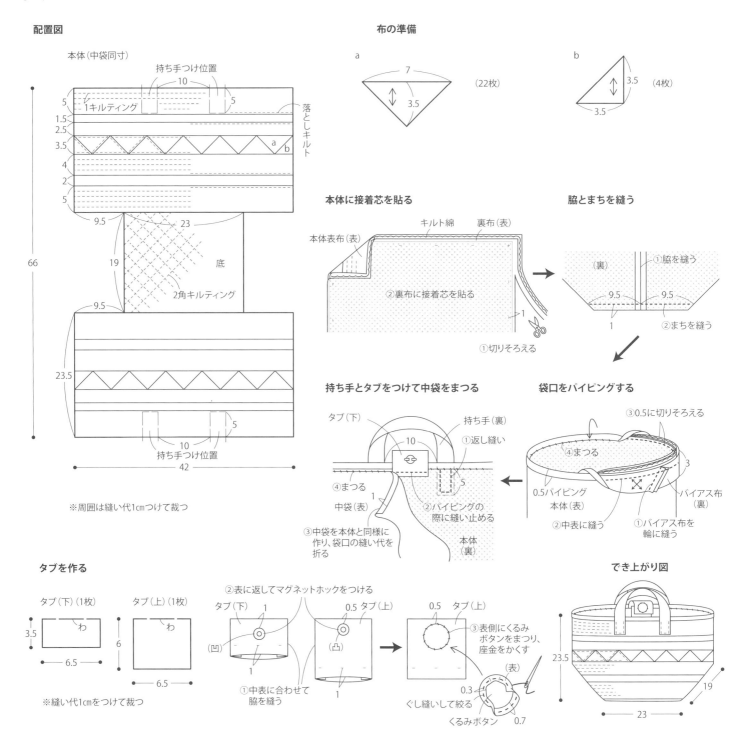

5・6 クッションカバー

12ページ／一部の実物大型紙　巻末B面

【材料】(No.5)
花柄布…110cm幅×50cm、当て布・キルト綿各55×55cm、接着芯10×50cm、直径2.2cmボタン3個、幅3cmレース210cm

【材料】(No.6)
花柄布…110cm幅×50cm、当て布・キルト綿各55×50cm、接着芯10×45cm、直径2.2cmボタン3個、幅2cmレース200cm

【でき上がり寸法】
作品5…45×45cm（レースを除く）
作品6…40×45cm（レースを除く）

【作り方】
❶ 各パーツの布を裁つ。
❷ 前側表布にキルティングラインを描く。
❸ ❷にキルト綿と当て布を重ねてキルティングをする。
❹ 後側布の見返しに接着芯を貼り、三つ折りにして縫う。
❺ 後側aにボタンホールを作る。
❻ 前・後側を中表に合わせて周囲を縫う。
❼ 表に返して周囲にレースを縫いとめ、後側bにボタンをつける。

配置図

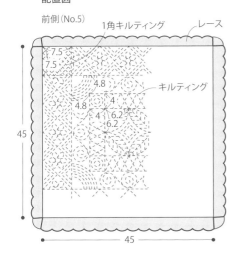

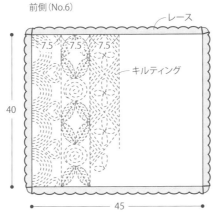

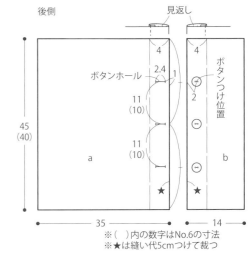

※（ ）内の数字はNo.6の寸法
※★は縫い代5cmつけて裁つ

後側を作る

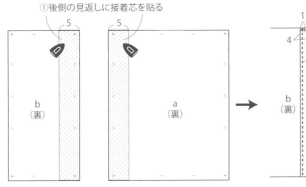

前側と後側を中表に縫う

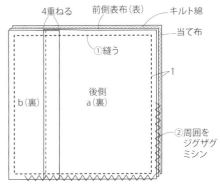

レースをつける

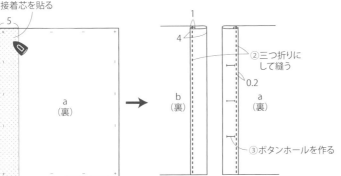

ボタンをつける

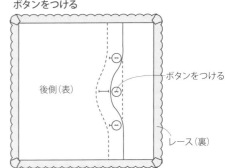

4 ポーチ

9ページ／実物大型紙　巻末B面

【材料】
パッチワーク用布…プリント端切れ12種各適宜、後側・前側b（中袋前側b含む）・ふた内・外側…ベージュグログラン60×30cm、レース地20×15cm、キルト綿・当て布各55×30cm、中袋用布（前側a・後側）…モスグリーン花柄30×30cm、接着芯20×20cm、幅0.3cmコード30cm、幅0.5cmジャバラテープ20cm、直径1.4cmマグネットホック1組、タッセル2個、直径0.3cm・0.4cmパールビーズ各適宜、一辺1.2cmの六角形のペーパーライナーの台紙を66枚

【でき上がり寸法】
12.5×19.5cm

【作り方】
❶ペーパーライナー法でパッチワークをして前側aを作り、でき上がり線とキルティングラインを描く。（ペーパーライナーのやり方はp58参照）
❷❶の裏にキルト綿と当て布を重ねてキルティングをする。
❸ほつれ止め用に❷のでき上がり線の0.3cm外側をミシンst.し、縫い代を0.7cmに切りそろえる。
❹❸の上側のカーブ部分をぐし縫いしてギャザーを寄せ、前側bと縫い合わせる。
❺後側にキルティングラインを描き、キルト綿と裏布を重ねてキルティングをする。
❻ふた（外側）にレース地をのせてしつけをかけ、内側と中表に合わせて縫う。
❼本体と同様に中袋を作る。
❽前・後側を中表に合わせて縫う。
❾後側にふたをつける。
❿ふた（内側）と前側bにマグネットホックをつけ、タッセルをつける。
⓫中袋の袋口をでき上がり線で折り、本体にまつる。

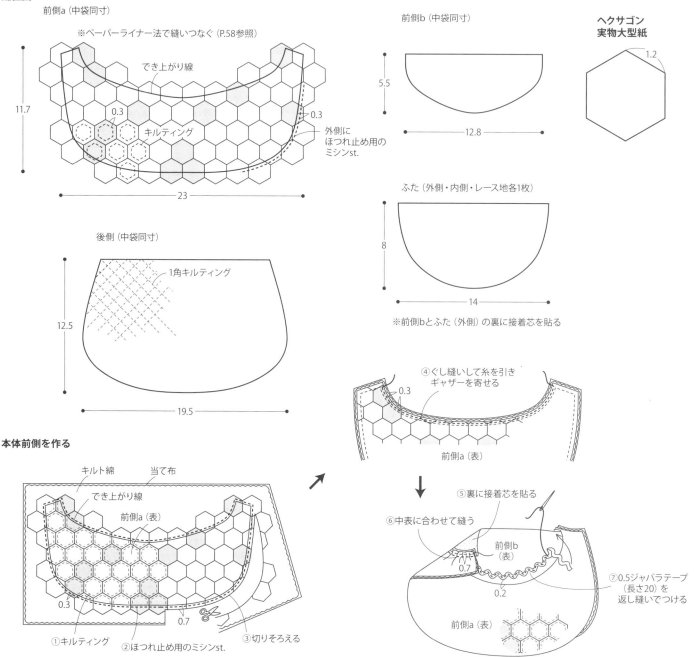

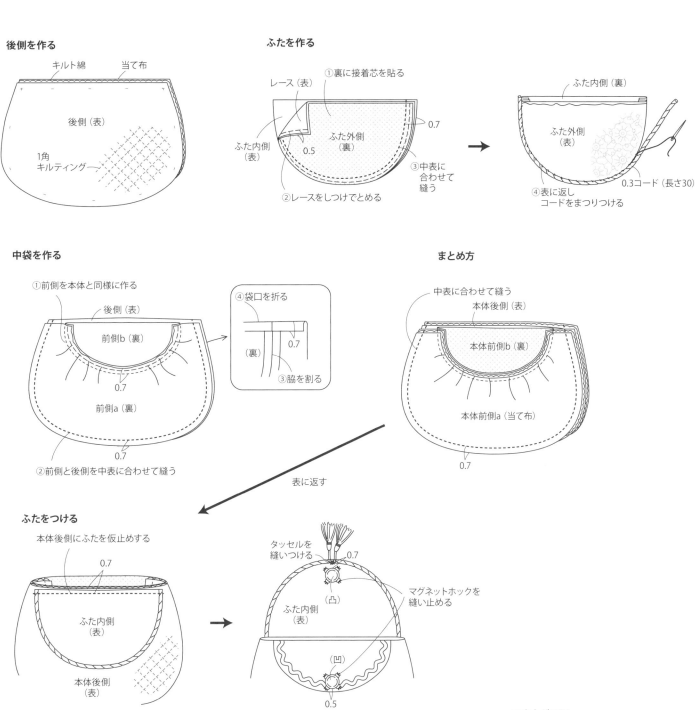
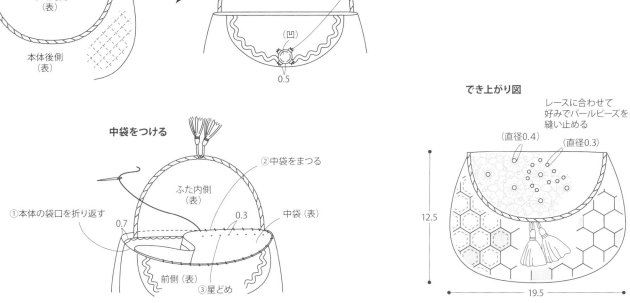

7 ヘクサゴンのベッドカバー

13ページ／一部の実物大型紙　巻末B面

【材料】
パッチワーク用布（パイピング用布を含む）…プリント端切れ95種各適宜、ボーダー用布…グリーン系プリント60×160cm・ベージュプリント60×135cm、裏布・キルト綿各110×400cm、一辺2.2cmの六角形のペーパーライナーの台紙を約650枚

【でき上がり寸法】
176×151cm

【作り方】

❶ヘクサゴンのピースをペーパーライナー法で約650枚作り、7枚つないだモチーフを75枚作る。
❷図のようにモチーフとピースをつなぎ、中央部分を作る。
❸❷の周囲にA〜Nを図のようにパッチワークする。
❹周囲にボーダーを縫い合わせ、表布を作る。
❺❹にキルティングラインを描き、キルト綿と裏布を重ねてキルティングをする。ボーダーのうず巻きのキルティングラインはフリーハンドで幅を調節しながら描く。
❻パイピング用布を3種類、好みの長さにつなぎ合わせて周囲をパイピングする。

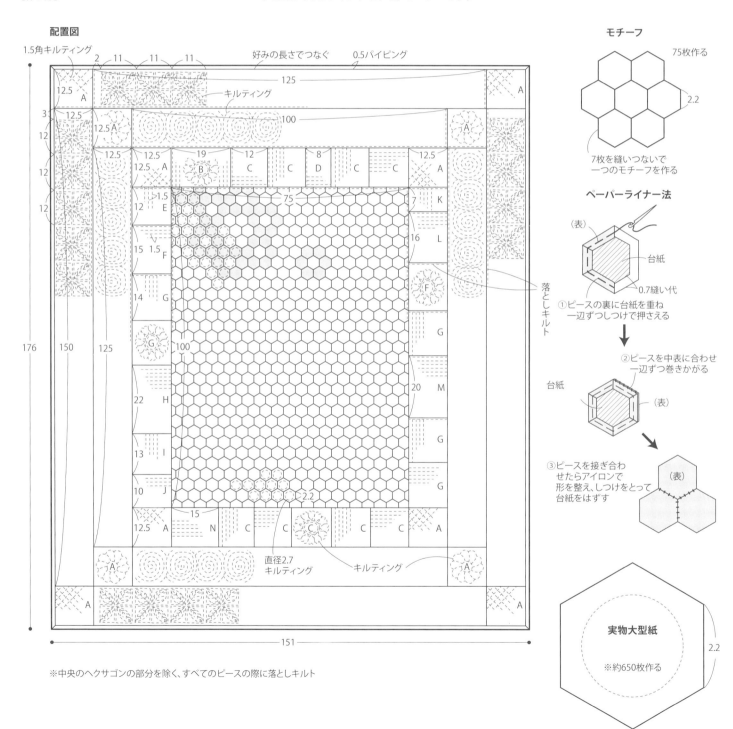

※中央のヘクサゴンの部分を除く、すべてのピースの際に落としキルト

9 オーシャンウェーブのベッドカバー

15ページ／一部の実物大型紙　巻末B面

【材料】
パッチワーク用布…生成り無地 110×350cm・ピンク 75×50cm・プリント端切れ 36種各適宜、ボーダー用布…花柄布 45×45cm・生成り系プリント 110×60cm・ブルー系無地（縁飾り用布を含む）110×230cm・裏布・キルト綿各 110×450cm

【でき上がり寸法】
212×173cm（縁飾りを含まず）

【作り方】
❶ 各ピースの布を裁つ。
❷ Aのパターンを42枚作る。
❸ ❷をパッチワークし、中央部分を作る。
❹ ❸の周囲にC・Dの順番にボーダーを縫い合わせる。
❺ Bのパターンを20枚作り、10枚ずつ縫いつないで上下に縫い合わせる。
❻ a・bをパッチワークしてブロックを作り左右に縫い合わせる。
❼ 周囲にボーダーを縫い合わせ、表布を作る。
❽ ❼にキルティングラインを描き、キルト綿と裏布を重ねてキルティングする。周囲3cmほどはキルティングしないで休ませておく。
❾ 縁飾りを作り、周囲につける。
❿ 残りのキルティングをする。

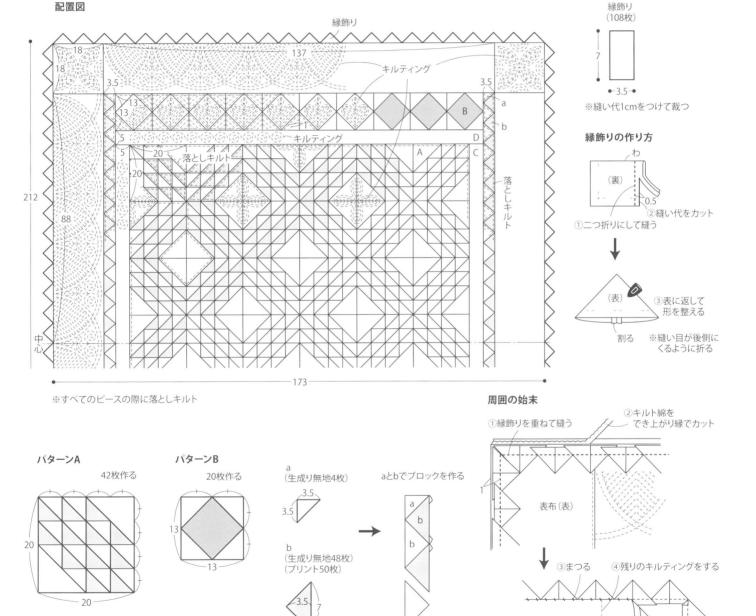

8 フリルジャケット

14ページ／実物大型紙　巻末A面

【材料】
（S・Mサイズ共通）
表布（コットンプリント）…110cm幅×230cm
接着芯 70×50cm、かぎホック…1組

【でき上がり寸法】
でき上がり寸法（S／Mの順）
バスト　100／104cm
着丈（後中心）54.5／55.5cm

【作り方】

下準備　前後身頃の見返しと前フリルの見返しに接着芯を貼る。前身頃の肩と後身頃の脇、フリルの脇の縫い代を始末する。

1. 前・後身頃のダーツを縫う（p.52－1参照）。
2. 肩と脇を縫う。
3. 見返しの肩を縫い、衿ぐりを縫う。
4. フリルの脇を縫い、タックをたたむ。
5. 身頃にフリルをつける。
6. 裾を縫う。
7. 袖フリルのタックをたたみ、袖につける。
8. 袖下を縫い、袖口の始末をする。
9. 身頃に袖をつける（P.53－8参照）。
10. かぎホックをつける。

裁ち方図

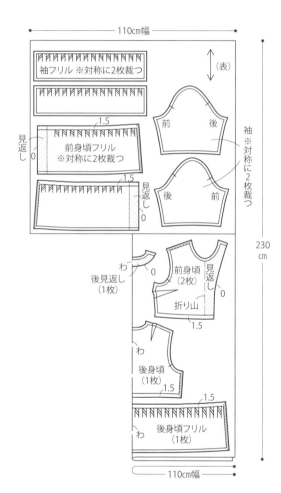

※指定以外の縫い代は1cm
※▨は裏に接着芯を貼る
※〜は縫い代をジグザグミシンで始末する

作り方順序

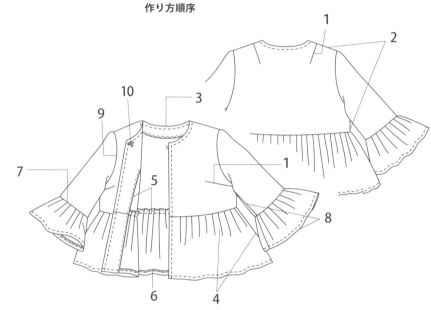

1　前・後身頃のダーツを縫う（p.52-1参照）

※前身頃の脇と後ろ身頃の肩のダーツを縫ったあと、肩と脇の縫い代をジグザグミシンで始末する。

2　肩と脇を縫う

3　見返しの肩を縫い、衿ぐりを縫う

4 フリルの脇を縫い、タックをたたむ

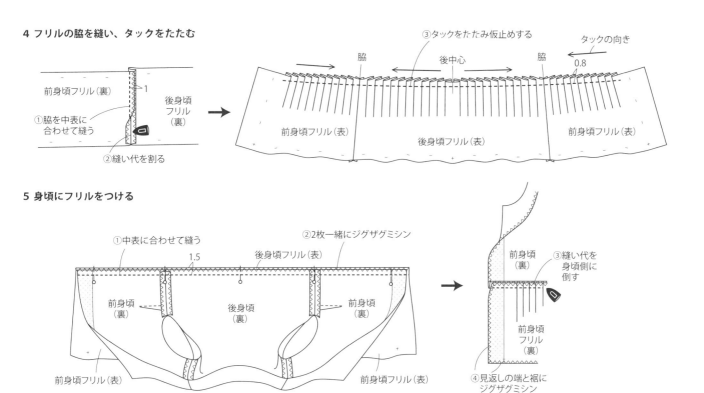

5 身頃にフリルをつける

6 裾を縫う

7 袖フリルのタックをたたみ、袖につける

8 袖下を縫い、袖口の始末をする

9 身頃に袖をつける（p.53-8参照）

10 かぎホックをつける

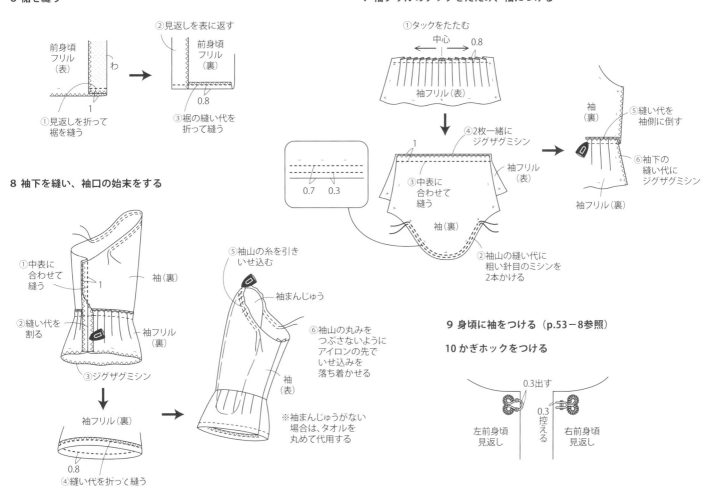

11 ドランカーズパスのタペストリー

18ページ／実物大型紙　巻末B面

【材料】
土台布…生成り地模様 110×110cm、パッチワーク・アップリケ用布…プリント端切れ 35 種各適宜・生成り地模様 5 種各適宜・花柄布（パイピング用布を含む）110×90cm、ボーダー用布…生成り地模様 2 種各 110×15cm、裏布・キルト綿各 110×110cm、トラプント用毛糸・25 番刺しゅう糸生成り各適宜

【でき上がり寸法】
105×105cm

【作り方】
❶各ピースの布を裁つ。
❷aとbを縫い合わせ、A・Bのパターンを各 32 枚、Cのパターンを 80 枚、Dのパターンを 4 枚作る。
❸図のようにAとBをパッチワークし、中央部分を作る。
❹❸の周囲にボーダーをE・Fの順に縫い合わせる。
❺❹の周囲にCとDを縫い合わせる。
❻❺を土台布に重ねて周囲をまつり、土台布のパターン部分を切り抜く。
❼❻に刺しゅうをしてキルティングラインを描き、円をアップリケして、表布を作る。
❽❼にキルト綿と裏布を重ねてキルティングをする。
❾図を参照してトラプントをする。
❿周囲をパイピングする。

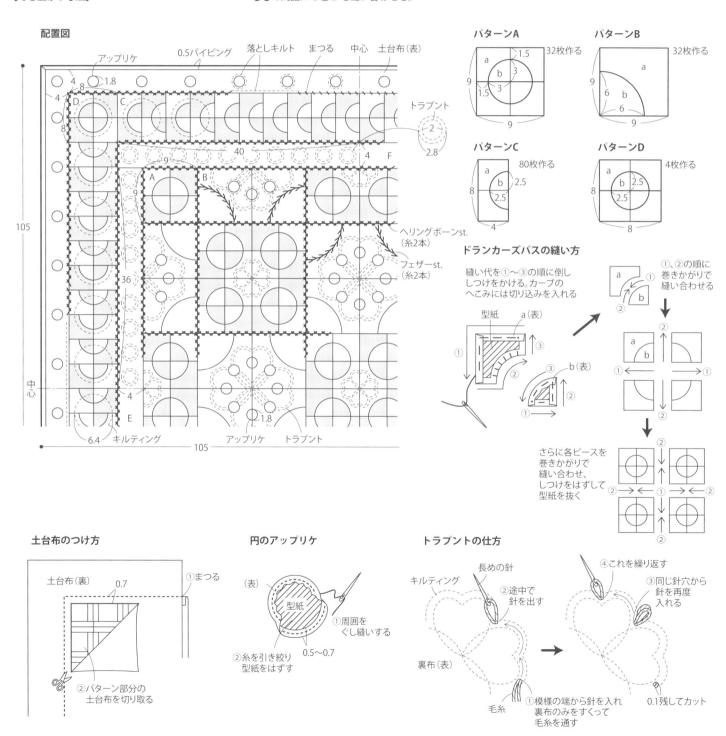

10 エンブロイダリーキルト

17ページ／一部の実物大型紙　巻末B面

【材料】
パッチワーク用布…生成り無地110×55cm、赤系プリント端切れ13種各適宜・生成り系プリント端切れ9種各適宜、ボーダー用布…ボーダー柄35×580cm、パイピング用布（バイアス）…2×580cm、25番刺しゅう糸ピンク系2種各適宜

【でき上がり寸法】
154×124cm

【作り方】
❶各ピースの布を裁つ。
❷Aのパターンを90枚作り、Bとパッチワークしてブロックを18枚作る。
❸Cに好みのデザインで刺しゅうをする。
❹図のようにパッチワークして中央部分を作る。
❺周囲にボーダーを縫い合わせ、表布を作る。
❻❺にキルティングラインを描き、キルト綿と裏布を重ねてキルティングをする。
❼周囲をパイピングする。

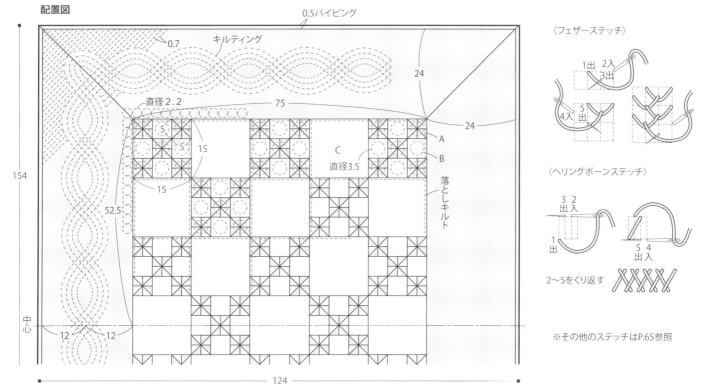

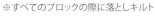

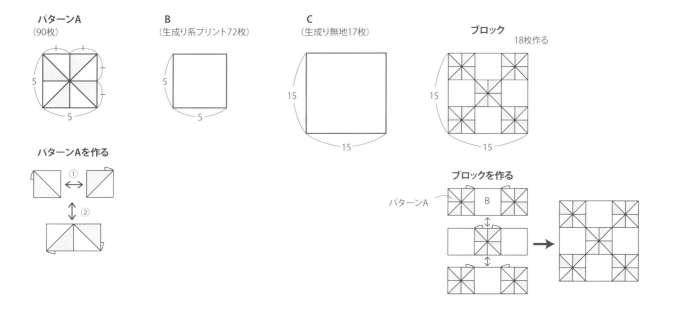

12 クレイジーキルトのブランケット

19ページ／一部の実物大型紙　巻末B面

【材料】
パッチワーク用布…モカ花柄布 110×100cm・プリント端切れ 37 種各適宜、クレイジーのパターン用土台布…シーチング 110×100cm、アップリケ用布…プリント 15×15cm、ボーダー用布（パイピング用布を含む）…サーモンピンク系プリント 110×140cm、裏布・キルト綿各 140×140cm、25 番刺しゅう糸各色各適宜

【でき上がり寸法】
129×129cm

【作り方】
❶各ピースの布を裁つ。
❷p39 を参照して、土台布に 15cm 角の正方形を描いて好みで分割し、クレイジーのパターンを 24 枚作る。
❸❷とモカ花柄布を市松にパッチワークし、中央部分を作る。
❹周囲にボーダーを縫い合わせ、表布を作る。
❺❹にキルティングラインを描き、キルト綿と裏布を重ねてキルティングをする。
❻ピースの端に刺し方図（P.65）を参照して好みの刺しゅうをする。
❼周囲をパイピングする。

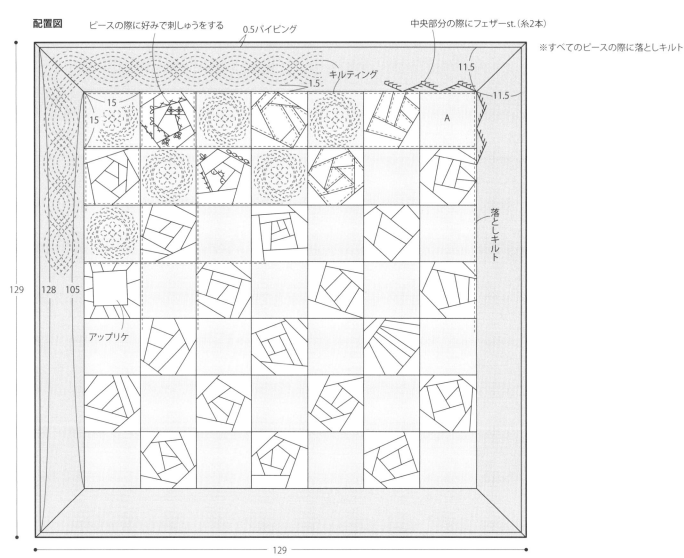

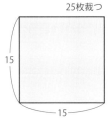

ランニングステッチ

2〜3をくり返す

バックステッチ

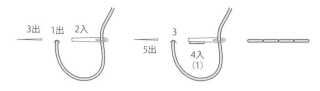

オープンクロスステッチ

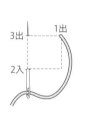 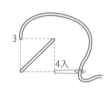 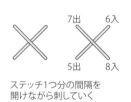

ステッチ1つ分の間隔を
開けながら刺していく

ジグザグステッチ

2〜5をくり返す

アウトラインステッチ

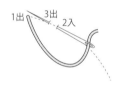 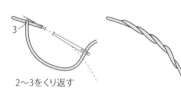

2〜3をくり返す

チェーンステッチ

2〜3をくり返す

フレンチノットステッチ　（2回巻き）

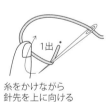 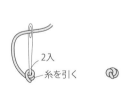 

糸をかけながら
針先を上に向ける

糸を引く

レゼーデイジーステッチ

バンドルステッチ

※フェザーst.、ヘリングボーンst.はP.63参照

13・15 ティアードワンピース

20・22ページ／実物大型紙　巻末A面

【材料】（S・Mサイズ共通）
表布（コットン）…110cm幅×460cm
接着芯 50×60cm、直径0.7cmスナップボタン5組、

【でき上がり寸法】（S／Mの順）
バスト　99／103cm
着丈（後中心）108／109cm

【作り方】
準備　左右前身頃見返しと後衿ぐり見返し、前スカートのポケット口の縫い代部分に接着芯を貼る。
身頃の肩、袖の袖下、前スカートと後下段スカートの中心の縫い代を始末する。
❶見返しの肩を縫う。
❷前・後身頃のダーツを縫う。
❸身頃の肩を縫う。
❹身頃と見返しを縫い合わせ、スナップボタンをつける。
❺前スカートを縫い、前身頃と縫い合わせる。
❻後下段スカートを縫い、後上段スカートと縫い合わせる。
❼後上段スカートにギャザーを寄せて後身頃と縫い合わせる。
❽脇を縫い、ポケットを作る。
❾袖を作り、つける。
❿裾を始末する。

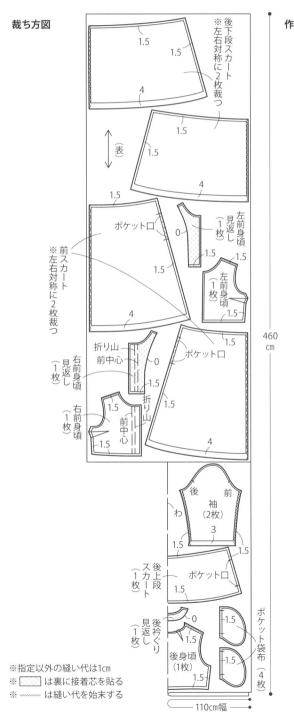

1 見返しの肩を縫う

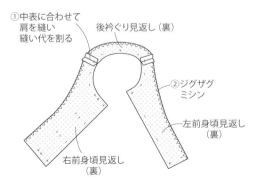

2 前・後身頃のダーツを縫う

3 身頃の肩を縫う

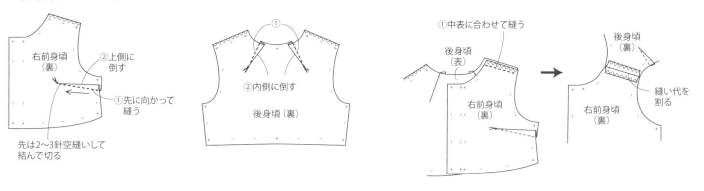

4 身頃と見返しを縫い合わせ、スナップボタンをつける

5 前スカートを縫い、前身頃と縫い合わせる

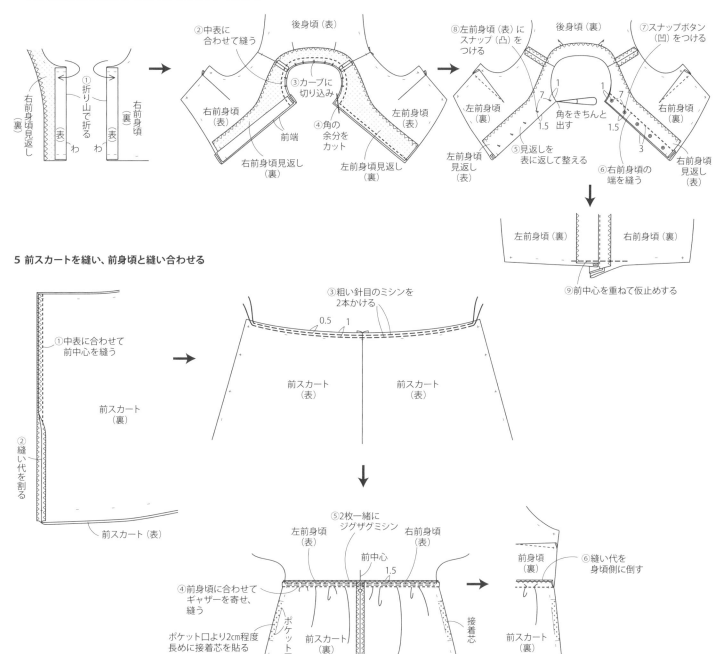

6 後下段スカートの中心を縫い、ギャザーを寄せて後上段スカートと縫い合わせる

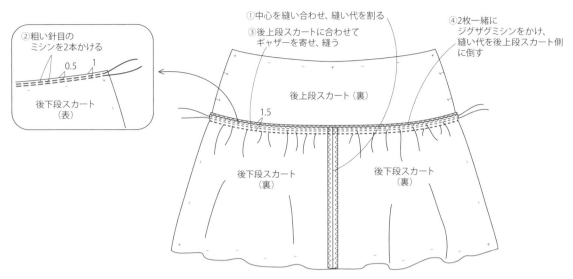

7 後上段スカートにギャザーを寄せて後身頃と縫い合わせる（5参照）

8 脇を縫い、ポケットを作る

9 袖を作り、つける

10 裾を始末する

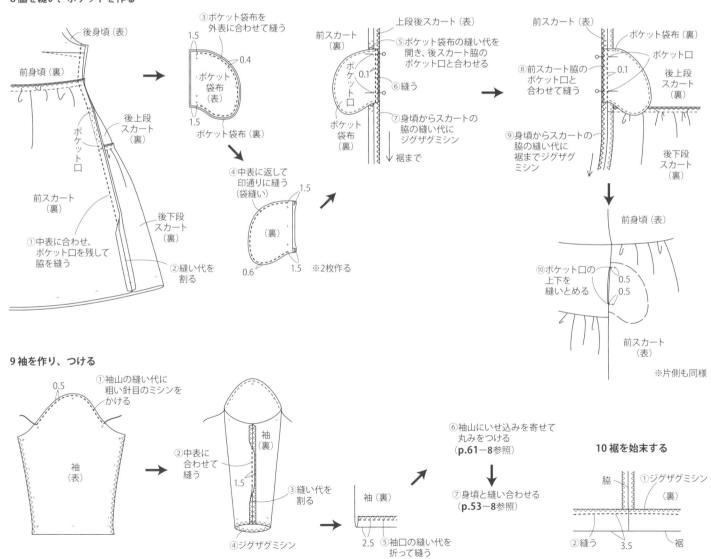

16 小もの入れ

23ページ／実物大型紙　巻末B面

【材料】
パッチワーク用布…生成り無地端切れ6種・レース4種各適宜、前・後側…生成り麻無地30×20、中袋用布（ポケット裏布を含む）…60×15cm、当て布・薄手キルト綿各50×25cm、幅1.5cmレース12cm、直径0.3cmシルバーコード130cm、幅0.3cmラメリボン30cm、スワロフスキー2個、ラインストーン3個、パールビーズ・ビーズ・25番刺しゅう糸生成り各適宜

【でき上がり寸法】
図を参照

【作り方】
❶各パーツの布を裁つ。
❷図のようにレースを重ねて6枚をパッチワークし、刺しゅうをしてポケット表布を作る。
❸❷にキルト綿と裏布を重ねてポケット口を縫い、キルティングをする。
❹前側と後側にキルト綿と当て布を重ねてキルティングをする。
❺❸を前側に重ねて後側と中表に合わせ、底にコードの端をはさんで袋口を残して縫う。
❻返し口を残して中袋を本体と同様に縫い、本体と中表に合わせて袋口を縫う。
❼❻を表に返し、返し口をとじる。
❽脇にコードを縫い止め、図のようにリボンやパーツで飾る。

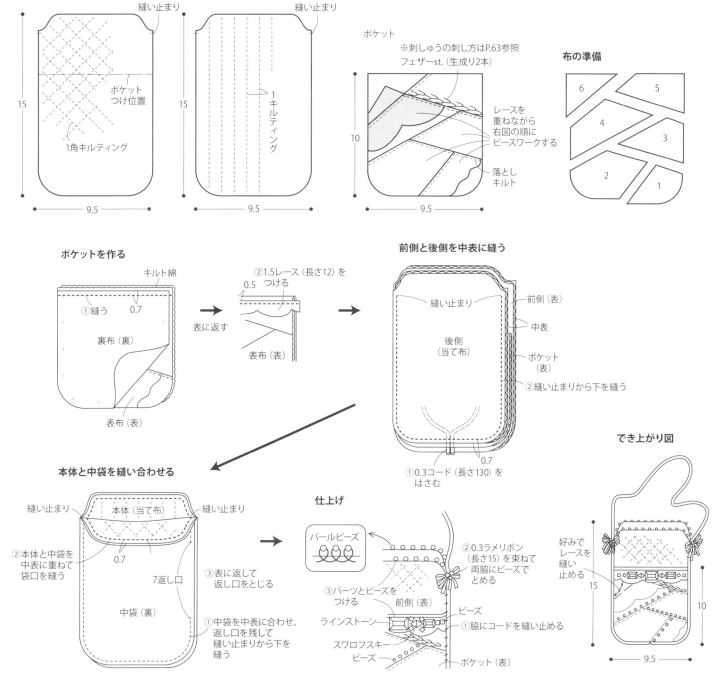

14 ウォレットポシェット

21ページ

【材料】
パッチワーク用布…プリント端切れ4種各適宜、中袋用布…ベージュ花柄110×55cm、当て布…70×60cm、パイピング用布…グレー麻70×50cm、キルト綿60×55cm、接着芯25×20cm、幅0.3cmロウ引きコード50cm、25cm丈ファスナー1本、革パーツ1個、スエードタッセル1個、革付きアタッチメント1組、チェーンベルト1本、直径0.6cmチェコビーズ40粒、一辺2.6cmのひし形のペーパーライナーの台紙を63枚

【でき上がり寸法】
図を参照

【作り方】

❶ペーパーライナー法でパッチワークをして本体A外側を作る。
❷❶にキルティングラインとでき上がり線を描き、キルト綿と当て布を重ねてキルティングする。
❸❷のひし形の交点に一つずつビーズを縫い止める。
❹❸の裏に接着芯を貼り、本体A内側と中表に合わせて縫う。表に返し、周囲にコードをまつりつける。
❺❹の袋口をパイピングする。
❻本体B内・外側とまちにキルティングラインを描き、キルト綿と当て布を重ねてキルティングする。
❼本体B内・外側とまちを中表に縫い、表に返して袋口をパイピングする。
❽本体Aと本体Bの内側同士をまつる。
❾下耳に革パーツをつけたファスナーを本体に縫い止める。
❿革付きアタッチメントを両側のまちに縫いつける。
⓫中袋A、Bを作り、本体袋口にまつりつける。
⓬ファスナーのスライダーにスエードタッセルをつける。
⓭革付きアタッチメントにチェーンベルトをつける。

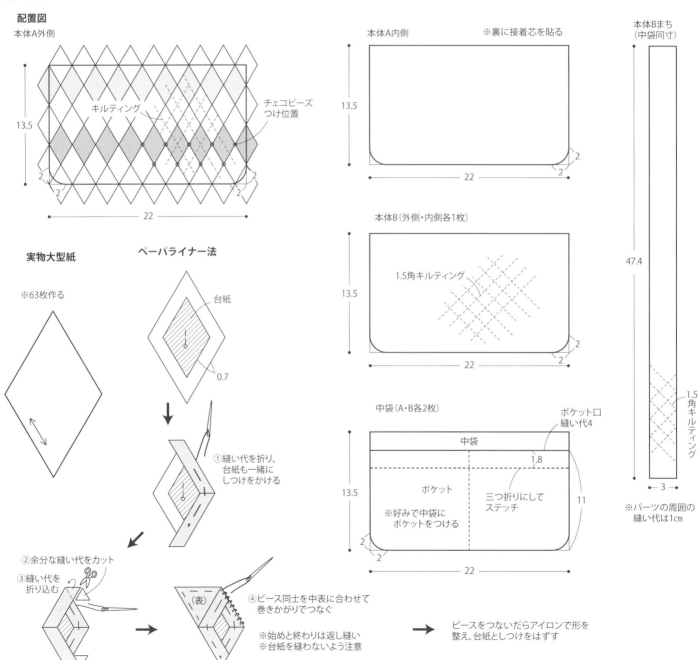

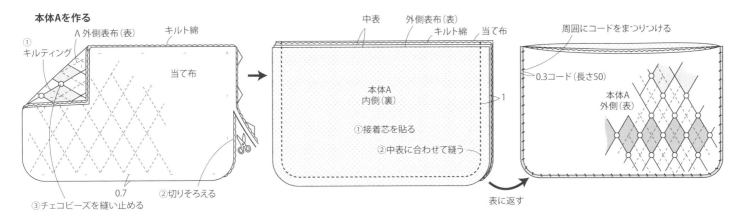
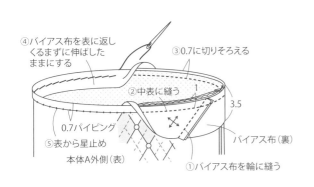
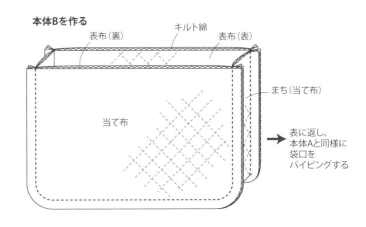
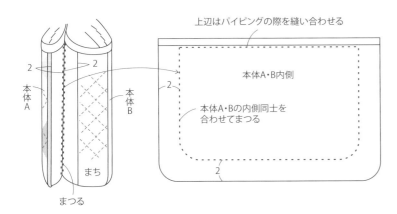
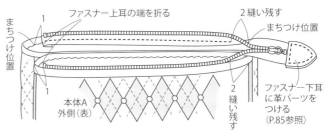
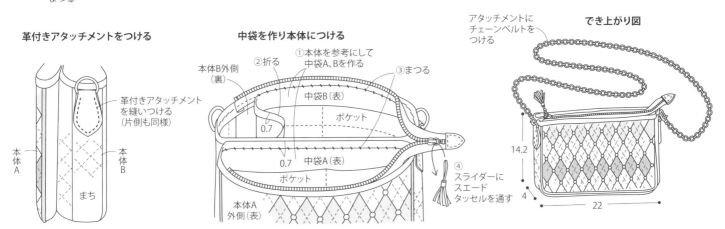

18 ショルダーバッグ

25ページ

【材料】
パッチワーク用布…プリント端切れ6種各適宜、パイピング用布…ストライプ60×60cm、底…麻黄色35×15cm、裏布…前・後・底用（チャコール花柄）70×65cm・ふた用（赤花柄）90×30cm（内ポケットを含む）、当て布・キルト綿・接着芯各110×50cm、ゴールドブレード55cm、革付きアタッチメント1組、ショルダーベルト1本、直径2.1cmボタン2個、直径1.5cmボタン4個
【でき上がり寸法】
図を参照

【作り方】
❶各ピースの布を裁つ。
❷図のようにパッチワークをして本体表布を作る。
❸❷にキルティングラインとでき上がり線を描き、キルト綿と当て布を重ねてキルティングする。
❹縫い代を切りそろえて裏に接着芯を貼る。
❺裏布をはぎ合わせ、ポケットをつける。
❻❹に❺を重ねてパイピングをする。
❼外表に合わせて脇を縫う。
❽外表に合わせてまちを縫う。
❾脇に革付きアタッチメントをつけ、ふたの両脇を内側に折ってボタンをつける。
❿革付きアタッチメントにショルダーベルトをつける。

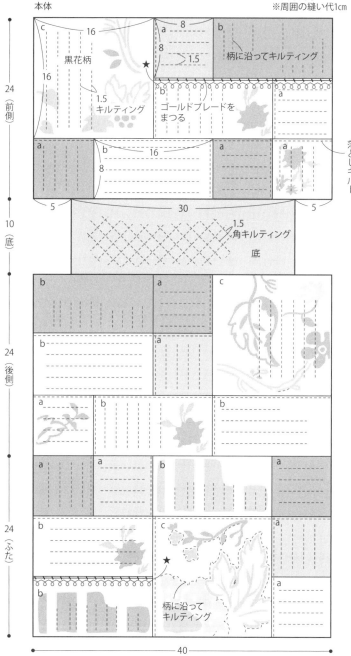

※★はパッチワークをする時にブレードの端を一緒に縫い込む
※キルティング後、裏に接着芯を貼る

布の準備

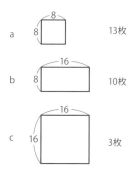

前側の縫いつなぎ方

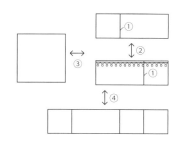

※後側・ふたも前側を参考にして同様に縫いつなぐ。
次に各ブロックと底を縫いつないで表布を作る

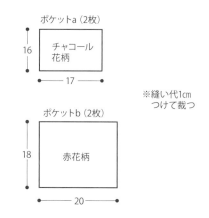

※縫い代1cmつけて裁つ

裏布を作る

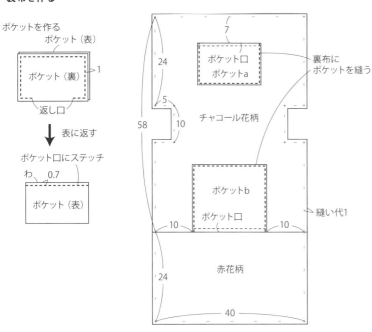

本体と裏布を外表に重ねてパイピングする

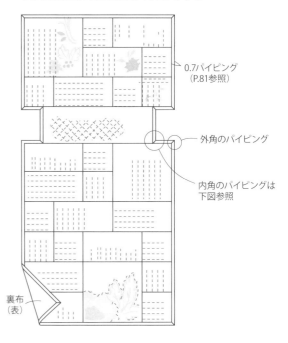

脇を縫う

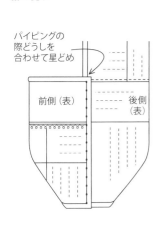

内角のパイピング

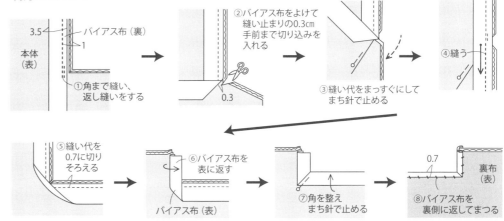

まちを作る

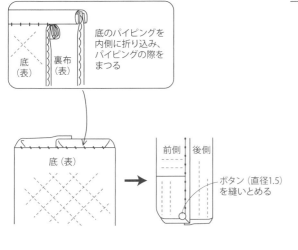

仕上げをする

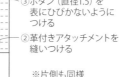

でき上がり図

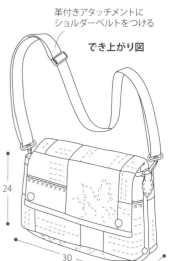

20 サンプラーのコラージュキルト

35ページ／一部の実物大型紙　巻末B面

【材料】
土台布…赤系プリント 60×60cm、パッチワーク・アップリケ用布…プリント端切れ 70種・レース地 3種各適宜、ヨーヨーキルト用布…アイボリー系プリント 30×20cm、ボーダー用布（パイピング用布を含む）…モスグリーンプリント 110×60cm、裏布・キルト綿各 75×75cm、一辺1.2cmの六角形のペーパーライナーを7枚、幅1cmレース 48cm、25番刺しゅう糸各色各適宜、ビーズ赤・レース 4種各適宜

【でき上がり寸法】
65×65cm

【作り方】
❶各ピースの布を裁つ。
❷ヨーヨーキルトを18枚作る。ヘクサゴンのピースをペーパーライナー法で7枚縫いつなぐ。
❸パッチワーク・アップリケをしてパターンA～Iを作る。
❹土台布に好みのプリント布と❸をバランスよく配置し、アップリケをする。パターンの周囲に、配置図を参考に好みで刺しゅうをして、中央部分を作る。
❺パターンとアップリケ部分の余分な土台布を切り抜く。
❻aをパッチワークしてブロックを作り、❺の周囲に縫い合わせて角にbをつける。
❼周囲にボーダーを縫い合わせ、表布を作る。
❽❼にキルティングラインを描き、キルト綿と裏布を重ねてキルティングをする。
❾パイピングをする。
❿Fに好みでビーズを縫い止める。

配置図

※すべてのピースとアップリケの際に落としキルト　　※刺しゅうの刺し方はP.63・65を参照

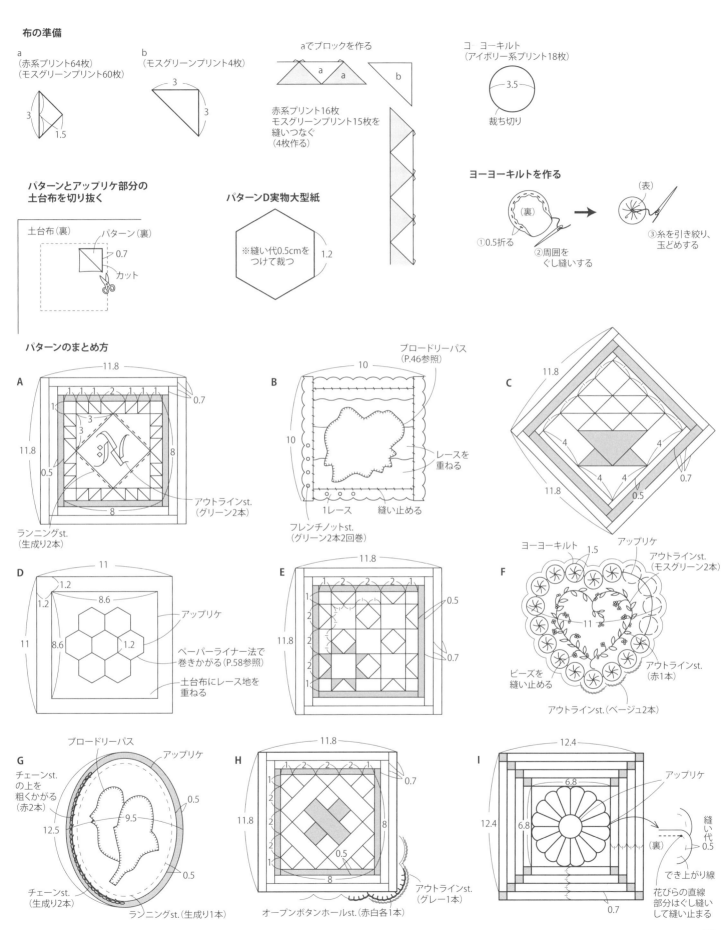

21・22 ミニ額

36ページ／No.22の一部の実物大型紙　巻末B面

【材料】（No.21）
パッチワーク用布…生成りレース地1種・プリント端切れ10種各適宜、ボーダー用布（ベージュ花柄）・裏布・キルト綿各35×35cm、25番刺しゅう糸えんじ・サーモンピンク・黄緑・うす緑・ベージュ各適宜、2.4cm幅ビロードリボン赤55cm、額（内径25×25cm）1個

【材料】（No.22）
アップリケ用布…うす緑プリント1種適宜、パッチワーク用布…生成りレース地2種・プリント端切れ11種各適宜、ボーダー用布（赤系花柄）・裏布・キルト綿各35×35cm、25番刺しゅう糸ベージュ、赤、黄緑各適宜、ビロードリボン、額はNo.21と共通

【でき上がり寸法】 各26×26cm

【作り方】
❶各ピースの布を裁つ。
❷パッチワークをしてパターンを作る。
❸❶、❷をつないで中央部分を作る。
❹周囲にボーダーを縫い合わせ、刺しゅうをして表布を作る。
❺❹にキルティングラインを描き、キルト綿と裏布を重ねてキルティングをする。
❻結んだリボンをまつりつける。
❼周囲を切りそろえて額の中板を裏側に当て、折り代を折り返して両面テープでとめる。
※❻❼はP.48参照
❽❼を額に入れる

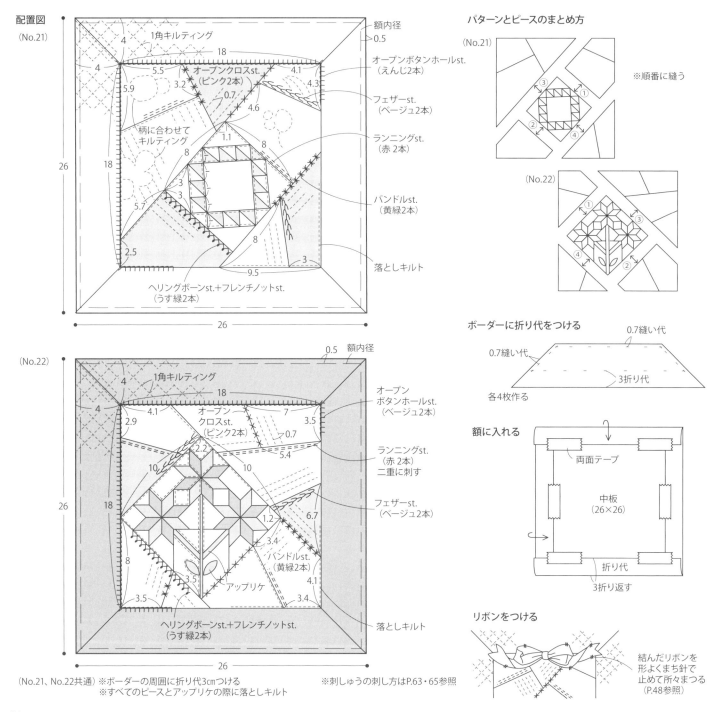

23 バスケットのバッグ

【材料】
パッチワーク用布…赤系プリント端切れ5種・ストライプ6種・チェック柄各適宜、本体（パッチワーク用布・パイピング用布・持ち手用タブ含む）…ベージュ無地80×90cm、中袋用布（内ポケット含む）…ベージュ花柄110×45cm、当て布・キルト綿各100×50cm、接着芯90×45cm、竹持ち手1組

【でき上がり寸法】
図を参照

【作り方】
❶各ピースの布を裁つ。
❷パッチワークをしてバスケットのパターンを作り、図のようにパッチワークをして前側表布を作る。（バスケットの製図のやり方はp.39参照）
❸❷と後側にキルティングラインとでき上がり線を描き、キルト綿と当て布を重ねてキルティングする。
❹❸の縫い代を切りそろえて裏に接着芯を貼る。
❺前・後側を中表に合わせて脇と底を縫う。
❻袋口をパイピングする。（P.71参照）
❼持ち手用タブを作り、パイピングの際に縫い止める。
❽中袋に内ポケットをつけて本体同様中表に縫い、袋口の縫い代を折ってパイピングの際にまつる。

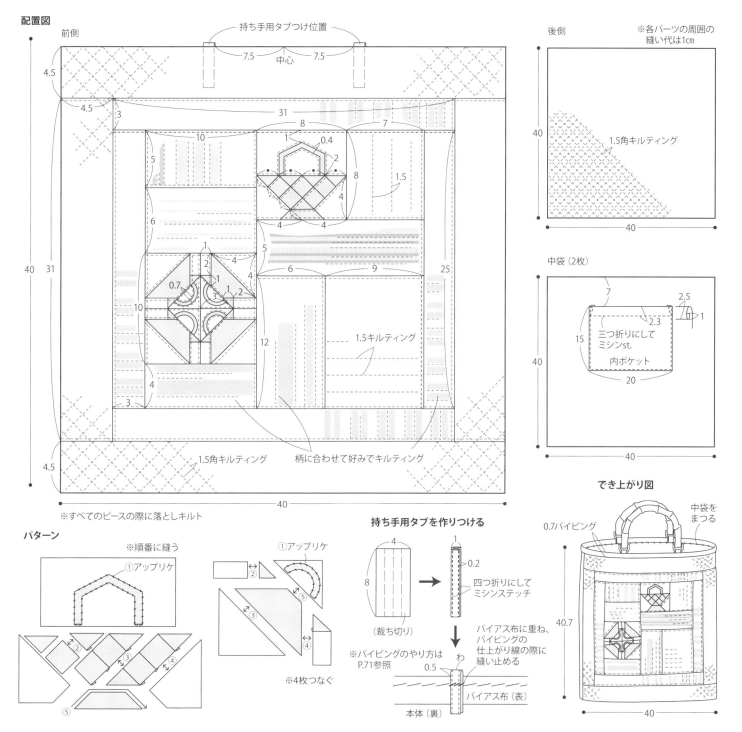

24 ソーイングケース

38ページ

【材料】
パッチワーク用布…赤系プリント端切れ6種各適宜・チェック40×30cm、本体（パイピング用布を含む）…ストライプ地60×50cm、底…ベージュ無地25×15cm、裏布（パイピング用布・持ち手用当て布を含む）…108×40cm、当て布・キルト綿各110×30cm、43cm丈ファスナー1本、長さ14cmバニティ持ち手1本

【でき上がり寸法】
図を参照

【作り方】
1. 各ピースの布を裁つ。
2. パッチワークをしてバスケットのパターンを作り、図のようにつないで側面表布を作る。
3. 2と底表布にキルティングラインを描く。
4. 3とふた・ふたまち・後当てにキルト綿と当て布を重ねてそれぞれキルティングする。
5. 側面とふたまちに裏布を重ね、それぞれファスナー口をストライプ地でパイピングし、ファスナーをつける。両脇を裏布でパイピングする。
6. ふたと後当てに裏布を重ね、それぞれストライプ地でパイピングする。
7. 5と後当てを輪に縫い、ふたまち・後当ての上端を裏布でパイピングする。
8. 7に裏布を重ねた底を外表に縫い合わせ、縫い代をストライプ地でパイピングする。
9. ふたまち・後当ての上端とふたを縫い合わせる。
10. ふたに持ち手をつけ、裏布に出た縫い目に当て布を重ねてまつる。

配置図

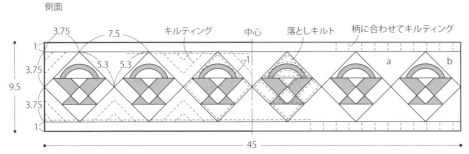

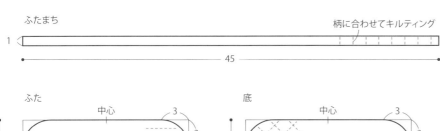

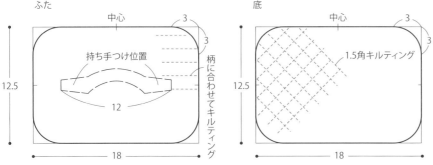

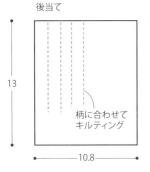

パターン

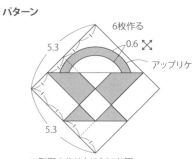

※製図のやり方はP.39参照
※各ピースに縫い代0.5cmをつけて裁つ

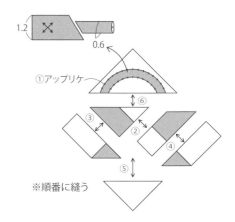

※順番に縫う

布の準備

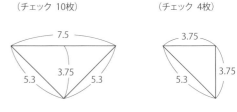

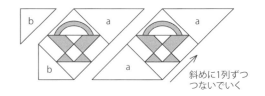

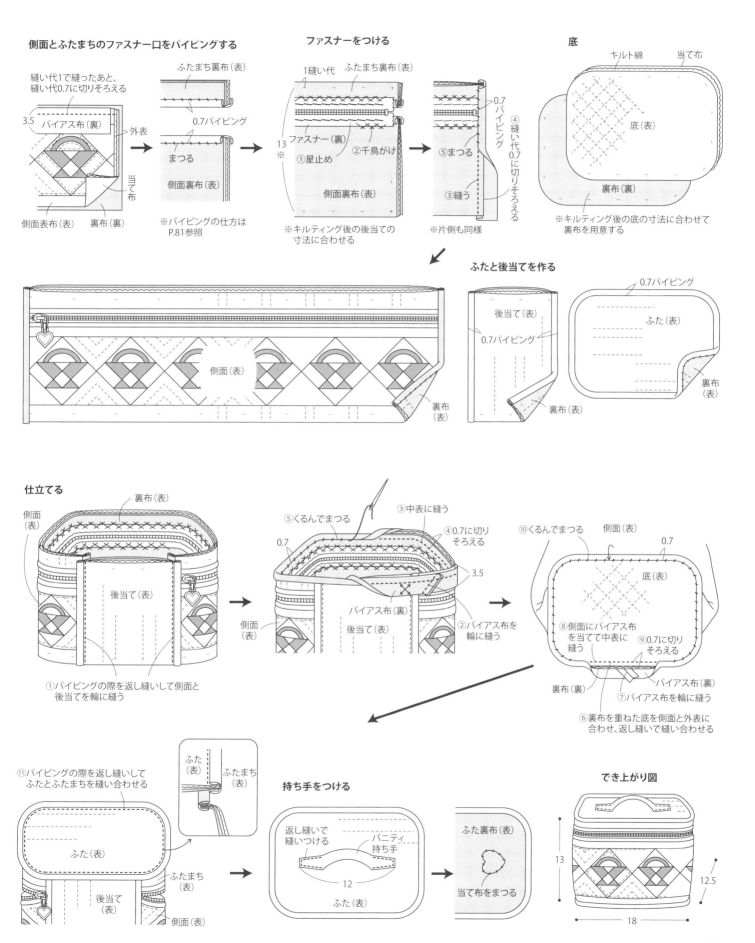

25 アップリケのタペストリー

41ページ／一部の実物大型紙　巻末B面

【材料】
パッチワーク用布…赤系プリント端切れ適宜・アイボリープリント110×90cm、アップリケ用布…プリント端切れ赤・黄緑各2種各適宜、ボーダー用布（パイピング用布を含む）…赤系プリント110×90cm、裏布・キルト綿各110×110cm、25番刺しゅう糸赤適宜

【でき上がり寸法】
104.5×104.5cm

【作り方】
① 各ピースの布を裁つ。
② Aのパターンを4枚、Bのパターンを5枚、Cのパターンを216枚作る。
③ パターンCをパッチワークしてブロックD・E・F・Gを作る。
④ パッチワークをして中央部分を作る。
⑤ 周囲にボーダーとブロックを番号順に縫い合わせる。
⑥ 花のアップリケをして表布を作る。
⑦ ⑥にキルティングラインを描き、キルト綿と裏布を重ねてキルティングをする。
⑧ 周囲をパイピングする。
⑨ 刺しゅうをする。

配置図

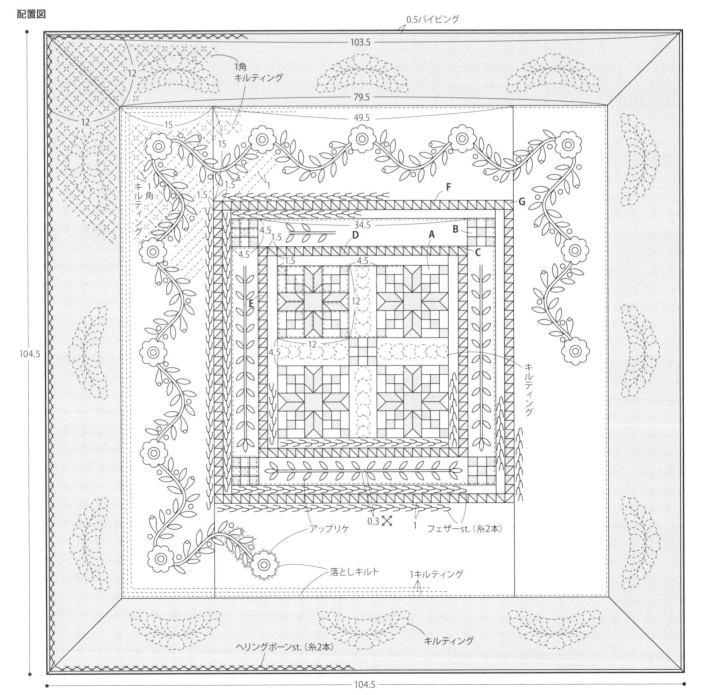

※すべてのピース・アップリケの際に落としキルト　　※刺しゅうの刺し方はP.63参照

パターンA
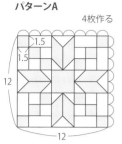
4枚作る
1.5 / 1.5 / 12 / 12

パターンB

5枚作る
4.5 / 4.5

パターンC

1.5 / 1.5　216枚作る

※各ピースに縫い代0.5cmをつけて縫う

ブロックを作る
パターンCでブロックD・E・F・Gを各2枚作る

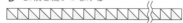

F　31枚を縫いつなげる
D　21枚を縫いつなげる

G　33枚を縫いつなげる
E　23枚を縫いつなげる

パイピングの方法

〈バイアス布を作る〉

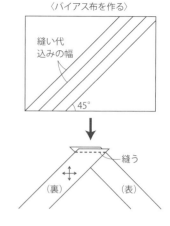

縫い代込みの幅
45°
縫う
(裏) (表)

パイピングは目立たない所から返し縫いで縫い始め、角は一針返し縫いをします。

バイアス布(裏)
折り山を縫い代の端にそろえる
表布(表)
3.5
でき上がり線
しつけ

折り山を立てて、角にきちんと針を入れる。角で一針返し縫いをして進む

バイアス布を表に返して、縫い代をくるむように三つ折りにする
裏布(表)
角は表側の角をきれいに三角に整え、裏の角も三角に折る
バイアス布(表)

裏布(表)　バイアス布(表)
角は2度まつる
縫わない
細かくまつる

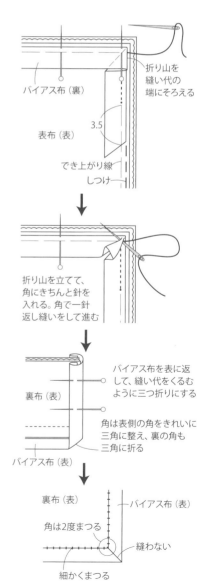

まとめ方

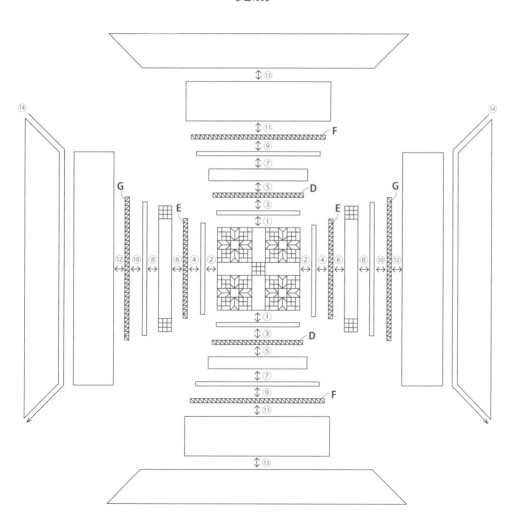

26 ブロードリーパースのタペストリー

42ページ／一部の実物大型紙　巻末B面

【材料】
アップリケ用布…花柄布15種各適宜、パッチワーク・アップ用布…プリント端切れ65種各適宜・生成り地模様110×90cm・赤無地（パイピング用布を含む）90×50cm、裏布・キルト綿各110×100cm、25番刺しゅう糸生成り適宜

【でき上がり寸法】
約90×90cm

【作り方】
❶各ピースの布を裁つ。
❷図を参照して好みのバスケットのパターンを25枚作り、その上にブロードリーパースをする。
❸a・bをパッチワークしてラティスを作る。
❹❷・❸・c・dをパッチワークし、中央部分を作る。
❺e・f・gをパッチワークしてブロックを作り、❹の周囲に縫い合わせる。
❻パッチワークをしてボーダーを作り、周囲に縫い合わせて表布を作る。
❼❻にキルティングラインを描き、キルト綿と裏布を重ねてキルティングをする。
❽周囲をパイピングする。

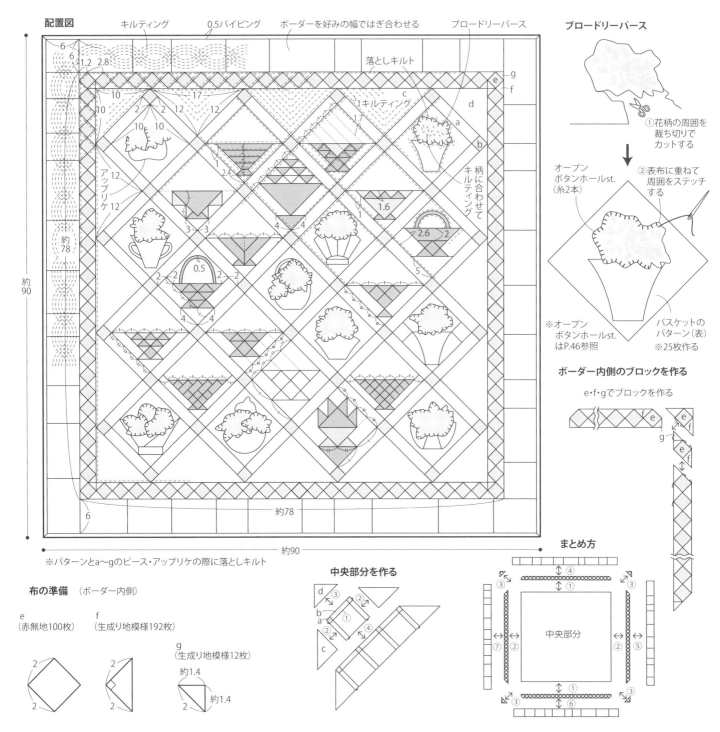

27 ブロードリーパースのタペストリー

43ページ／一部の実物大型紙　巻末B面

【材料】
アップリケ用布…グリーン系プリント 50×40cm・花柄布 13種・ベージュ系と赤系のプリント端切れ各 1種を各適宜、パッチワーク用布…端切れ 52種各適宜、ボーダー用布（パイピング用布を含む）…ベージュ系プリント 110×90cm、裏布・キルト綿各 90×90cm、25番刺しゅう糸赤・生成り・ベージュ・モカ・茶・薄ピンク・薄みずいろ・薄みどり各適宜、一辺1cmの六角形のペーパーライナーを126枚

【でき上がり寸法】
81.4×81.4cm

【作り方】
❶各ピースの布を裁つ。
❷Aのパターンを100枚作る。
❸図を参照してバスケットのパターンを25枚作る。
❹❸とAのパターンを4枚縫い合わせてブロックを25枚作り、その上にブロードリーパースをする。
❺パッチワークし、中央部分を作る。
❻周囲にボーダーを縫い合わせる。
❼ペーパーライナー法でヘキサゴンのピースを126枚作り、7枚をつないで花のモチーフを18枚作る。
❽ボーダーにアップリケをして表布を作る。
❾❽にキルティングラインを描き、キルト綿と裏布を重ねてキルティングをする。
❿周囲にパイピングする。
⓫刺しゅうをする。

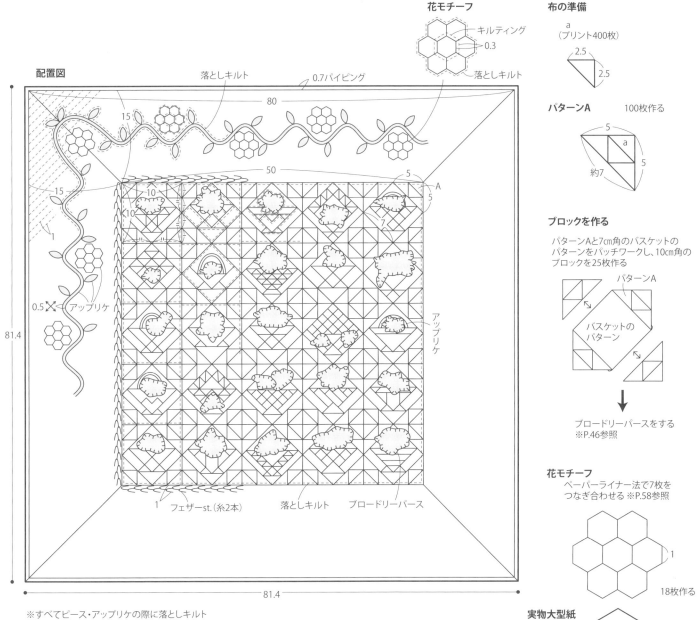

28 ポストカードのタペストリー

44ページ／一部の実物大型紙　巻末B面

【材料】
パッチワーク・アップリケ用布…プリント端切れ42種・生成りレース地4種各適宜、ボーダー用布…モスグリーン系チェック110×60cm、パイピング用布3×330cm、裏布・キルト綿各85×85cm、25番刺しゅう糸えんじ・茶色・ラメ糸各適宜
【でき上がり寸法】73.2×75.4cm

【作り方】
❶各ピースの布を裁つ。
❷土台布に好みのプリント布をポストカード風にアップリケし、周囲にテープ状に切った布を縫いつなぎ、ブロックを12枚作る。
❸❷を図のようにつなぎ、好みの長さでつないだブロックを周囲に縫い合わせて中央部分を作る。
❹周囲にボーダーを縫い合わせ、表布を作る。
❺❹にキルティングラインを描き、キルト綿と裏布を重ねてキルティングをする。
❻周囲をパイピングする。
❼刺しゅうをする。

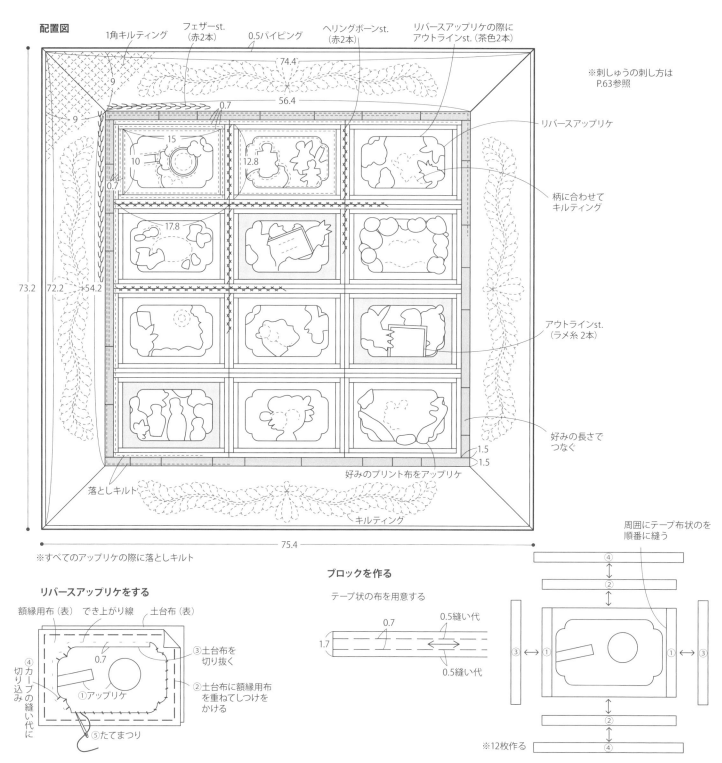

30 御朱印帳入れ

45 ページ

【材料】
アップリケ用布…パネル柄1枚, 好みの花柄モチーフ布2種各適宜, 本体（パイピング用布を含む）…ベージュ無地65×35cm, 底（革パーツ用布含む）…黒花柄30×15cm, 中袋用布…チェック柄40×30cm, 当て布・キルト綿各40×30cm, 接着芯5×5cm, 幅2.4cmサテンリボン60cm, 23cm丈ファスナー1本, 革パーツ1個, スエードタッセル1個, 25番刺しゅう糸ベージュ・黒各適宜

【でき上がり寸法】 図を参照

【作り方】
❶本体と底を縫いつなぎ, 表布を作る。
❷アップリケ用布（パネル柄）に0.7cmの縫い代をつけて裁ち, たてまつりでアップリケする。
❸花柄モチーフ布をオープンボタンホールst. でアップリケし（P.46－7～10参照）, 刺しゅうをする。
❹キルティングラインを描き, キルト綿と当て布を重ねてキルティングをする
❺❹を中表に合わせて脇を縫う。
❻袋口をパイピングする（P.71参照）。
❼ファスナーに革パーツをつけ, 本体につける。
❽結んだリボンをまつりつける。（P.48参照）
❾中袋を本体と同様に中表に縫い, 袋口の縫い代を折って本体の袋口をまつる（P.71参照）。
❿ファスナーにスエードタッセルをつける。

配置図

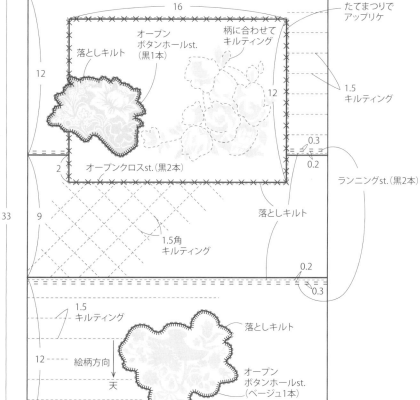

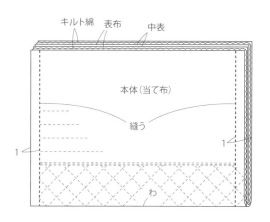
中表に合わせて脇を縫う

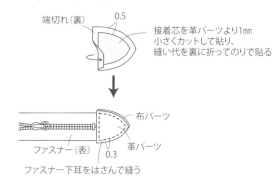
革パーツをつける

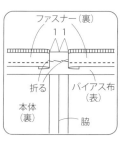
ファスナーをつける

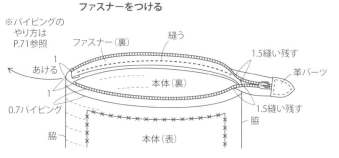

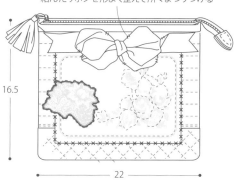
でき上がり図

29 お薬手帳入れ

45 ページ

【材料】
パッチワーク用布…プリント端切れ 7 種各適宜、約 12 × 10cmの花モチーフ布 1 枚、パイピング用布…茶色無地 50 × 50cm、ポケット a・b（ポケットのパイピング用布を含む）…オレンジ花柄 50 × 40cm、内側（ポケット b 裏布を含む）…薄オレンジ 45 × 30cm、当て布・キルト綿各 30 × 25cm、接着芯 50 × 40cm、ブレード 85cm、幅 0.5cmコード 10cm、16cm丈ファスナー 1 本、直径 2.1cmボタン 1 個、25 番刺しゅう糸ベージュ適宜
【でき上がり寸法】
18 × 12cm

【作り方】
❶厚紙で型紙を作り、布の裏に印をつけてパッチワーク用の布を裁つ。
❷配色を考えてパッチワークをし、本体表布を作る。
❸花モチーフをカットし、❷にアップリケをする。
❹❸にキルティングラインとでき上がり線を描き、キルト綿と当て布を重ねてキルティングをする。アップリケの周囲と花モチーフのところどころに落としキルトをする。
❺ポケット a、b の裏に接着芯を貼る。
❻ポケット a を外表に折ってファスナーをつけ、片側をパイピングする。
❼内側に❻を重ねてパイピングの際に星どめする。
❽ポケット b を図のように折りたたみ、裏布を重ねてパイピングする。
❾❹の裏（当て布側）に❼、❽の順に重ねてしつけをかけ、周囲をパイピングする。
❿表側のパイピングの際にブレードをつけ、ボタンをつける。

配置図

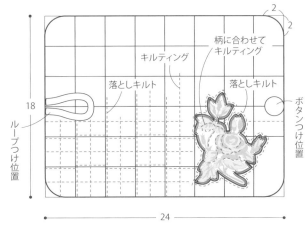

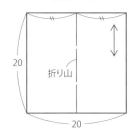

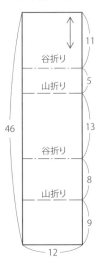

本体表布を作る

花モチーフのブロードリーパース

①花モチーフの0.3cm外側に薄く輪郭線を描く

②輪郭線の0.3cm外側をカットする（P.47参照）

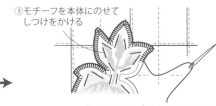
③モチーフを本体にのせてしつけをかける
④周囲をオープンボタンホールst.（糸1本）でブロードリーパース（P.47参照）

ポケットaにファスナーをつける

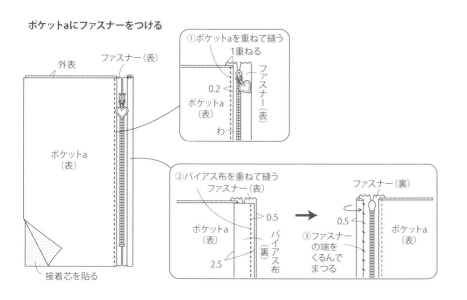

内側にポケットaをつける

ポケットbを作る

本体と内側を縫い合わせる

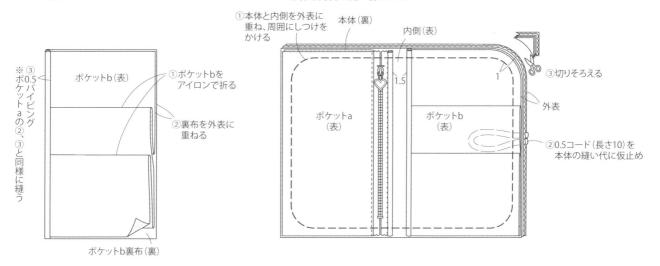

周囲をパイピングする

ブレードをつける

でき上がり図

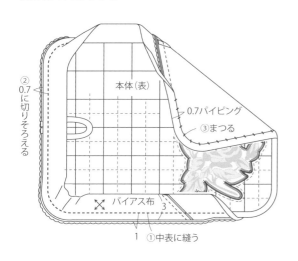

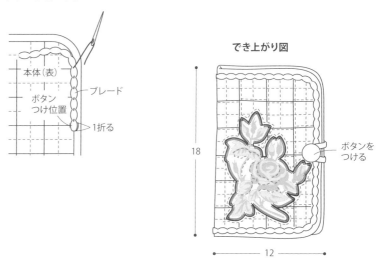

こうの早苗　*Sanae Kono*

広告会社のグラフィックデザイナーを経て、共通点の多いパッチワークに出合う。1983年より自宅で教室を始め、後にこうの早苗パッチワークスクールを設立。1989年にオリジナル生地やキットを扱うショップ「デ・トゥークール」を開く。『こうの早苗のパッチワーク』『かわいい毎日のキルト』（いずれも㈱日本ヴォーグ社刊）ほか著書多数。日本ヴォーグ社キルト塾講師。

Shop

De tout Coeur　デ・トゥークール
〒814-0123　福岡市城南区長尾2-22-56
Tel.092-524-9686　Fax.092-524-1767　https://www.paindepices.jp/

【制作協力】
石橋輝美、大音富美枝、城戸久美子、合屋加代、古賀真由美、佐藤恵子、榛葉佳寿美、花野井ゆりか、前田ますみ、松丸美華、山田敦子、横溝智子、吉田明子

Staff

アートディレクター／成澤 豪（なかよし図工室）
デザイン／成澤宏美（なかよし図工室）
撮影／白井由香里（口絵）　本間伸彦（プロセス）
スタイリスト／植松久美子（口絵）　石田純子（p.32〜33）
ヘアメイク／多絵
型紙グレーディング／（有）セリオ
トレース／（有）しかのるーむ　八文字則子
校閲（ソーイング作品）／今 寿子
編集／石上友美　中塚早希子

こうの早苗のパッチワークとソーイング
バッグ、キルト、ワンピース…

発行日／2018年11月4日　第1刷
　　　　2018年12月19日　第2刷
著者／こうの早苗
発行人／瀬戸信昭
編集人／今 ひろ子
発行所／株式会社日本ヴォーグ社
〒164-8705　東京都中野区弥生町5-6-11
Tel.03-3383-0635（編集）　Tel.03-3383-0628（販売）
振替／00170-4-9877
出版受注センター／Tel.03-3383-0650　Fax.03-3383-0680
印刷所／凸版印刷株式会社
Printed in Japan © Sanae Kono 2018
NV70501　ISBN978-4-529-05841-4-C5077

＊本誌に掲載する著作物の複写に関わる複製、上映、譲渡、公衆送信（送信可能化を含む）の各権利は株式会社日本ヴォーグ社が管理の委託を受けています。
＊ JCOPY 〈（社）出版社著作権管理機構　委託出版物〉本書の無断複写は著作権法上での例外を除き禁じられています。複写される場合は、そのつど事前に、（社）出版社著作権管理機構（TEL.03-3513-6969、FAX.03-3513-6979、email:info@jcopy.or.jp）の許諾を得てください。
＊万一、落丁本、乱丁本がありましたら、お取り替えいたします。お買い求めの書店か、小社販売部へご連絡ください。

【石田純子さんのショップのお問い合わせ先】
石田純子　DUE deux
〒104-0051　東京都中央区佃2-2-7　イーストタワーズ7号棟202
☎03-6228-2131

【撮影協力】
ファラオ（コロニー）　（p.6トップス・パンツ）
〒151-0066　渋谷区西原3-14-11
☎03-6416-8635

marble SUD　（p.12カーディガン・p.17ワンピース・p.18バッグ）
〒151-0022　渋谷区恵比寿南2-5-8 1F
☎03-5725-3755

AWABEES
〒151-0051　渋谷区千駄ヶ谷3-50-11明星ビルディング5F
☎03-5786-1600

UTUWA
〒151-0051　渋谷区千駄ヶ谷3-50-11明星ビルディング1F
☎03-6447-0070

【p.32-33ショップ問い合わせ先】
アトレナ ☎0120-554-810／あむう ☎03-5413-5884／アンビリオン ☎03-3466-8991／imac ☎03-3409-8271／エス・アイ・エム ☎03-5468-3866／ダイアナ銀座本店 ☎03-3573-4005／DUE deux ☎03-6228-2131／ファンエンパイア ☎03-6418-7933／プライア ☎0120-183-123／Blondoll新丸の内ビル店 ☎03-3287-1230

あなたに感謝しております　We are grateful.

手づくりの大好きなあなたが、この本をお選びくださいましてありがとうございます。内容はいかがでしたでしょうか？　本書が少しでもお役に立てば、こんなにうれしいことはありません。日本ヴォーグ社では、手づくりを愛する方とのおつき合いを大切にし、ご要望にお応えする商品、サービスの実現を常に目標としています。小社及び出版物について、何かお気づきの点やご意見がございましたら、何なりとお申し出ください。そういうあなたに私どもは常に感謝しております。

株式会社日本ヴォーグ社　社長　瀬戸信昭
Fax.03-3383-0602

キルトと刺しゅうのための便利なフリーアプリ
キルト＆ステッチ

日本ヴォーグ社関連情報はこちら
（出版、通信販売、通信講座、スクール・レッスン）

http://www.tezukuritown.com/　[手づくりタウン] [検索]